監修 村下公一 弘前大学 学長特別補佐／健康未来イノベーション研究機構長・教授 中路重之 弘前大学 特別顧問

継田治生

寿命革命

Well-being Innovation

超多項目健康ビッグデータが健康の未来を切り拓く
：最短命県からの挑戦

ダイヤモンド社

はじめに

2013年から「健康ビッグデータと最新科学がもたらす健康長寿社会」をテーマに、弘前大学を中心に取り組まれてきたプロジェクト「弘前大学COI」。その成果は国をはじめとしてさまざまなところで高い評価を受けています。2019年2月には内閣府主催の「第1回日本オープンイノベーション大賞」の最高賞である「内閣総理大臣賞」を受賞したほか、「第7回プラチナ大賞 大賞・総務大臣賞」「第1回アジア健康長寿イノベーション賞コミュニティ部門 国内優秀事例」「イノベーションネットアワード2020 文部科学大臣賞」の政府系主要イノベーションアワードの三冠を達成しています。

この弘前大学COIの最大の強みである健康ビッグデータのもととなるのが、2005年から始まった「岩木健康増進プロジェクト・健診」（岩木健診）です。日本一の〝短命県〟かつ深刻な少子高齢化に悩んでいた青森県において、弘前大学が弘前市岩木地区の住民の生活習慣病予防と健康の維持・増進、「健康寿命」の延伸をめざしてスタートした取り組みです。岩木健診では受診者1人当たり約3000項目のデータが20年間継続的に蓄積されており、世界でも類を見ない超多項目健康ビッグデータと呼べるものになっています。

約3000項目の内容は、体格や体組成といった基礎的な生理・生化学データから、握力をはじめとする体力データ、手間や費用がかかる遺伝子（全ゲノム）解析、腸内細菌・口腔内細菌叢（マイクロバイオーム）解析、メタボローム解析、アミノ酸分析、脂肪酸分析などのデータ、就寝時間や食事内容といった個人の生活習慣に関するデータに至るまで、個人のありとあらゆる情報を多様かつ網羅的にカバーしています。

２０２４年６月に岩木健診は20回年を迎え、これまでに実施した同地区の小中学生（小学5年生以上）を対象とした調査も含めると、健診により得られた健康ビッグデータは延べ２万人分以上と膨大なものとなっています。

弘前大学ＣＯＩの取り組みは２０２２年10月に「健康を基軸とした経済発展モデルと全世代アプローチでつくるwell-being地域社会共創拠点」として、国の「共創の場形成支援プログラム（ＣＯＩ－ＮＥＸＴ）」に採択されています。

本書では弘前大学ＣＯＩの10年間の軌跡を振り返るとともに、岩木健診をはじめとした健康ビッグデータの解析による研究成果が日本の将来においてどのように社会実装され、健康社会の未来がどのように変わっていくのかを検証します。弘前大学ＣＯＩ及びＣＯＩ－ＮＥＸＴは世界のヘルスケア施策やwell-beingの未来に大きな影響を与える可能性を秘めています。

２０２５年1月　継田治生

目次

弘前大学COI――進む他大学との連携　106
世界的なコホート研究「久山町研究」　109
「ひさやま方式」での健康管理システム 剖検率は驚異の75％！　110
脳卒中の実態と危険因子を解明　112
インタビュー⑨ 九州大学大学院医学研究院衛生・公衆衛生学分野教授附属総合コホートセンター教授　二宮利治 氏　113
「京丹後長寿コホート研究」との関わり　117
インタビュー⑩ 京都府立医科大学大学院医学研究科循環器腎臓内科学講座教授　的場聖明 氏　120
沖縄県・名桜大学「やんばる版プロジェクト健診」　123
インタビュー⑪ 名桜大学学長　砂川昌範 氏　125
和歌山県立医科大学「和歌山ヘルスプロモーション研究」　129
インタビュー⑫ 和歌山県立医科大学保健看護学部教授　宮井信行 氏　131
弘前大学COIの実績・成果にはどんなものがあるのか　133
インタビュー⑬ 京都大学大学院医学研究科人間健康科学系専攻ビッグデータ医科学分野教授　奥野恭史 氏　139
インタビュー⑭ 東京大学医科学研究所附属ヒトゲノム解析センター教授　井元清哉 氏　142
インタビュー⑮ 東京大学大学院情報学環准教授　上村鋼平 氏　144
インタビュー⑯ 名古屋大学大学院医学系研究科総合保健学専攻実社会情報健康医療学准教授　中杤昌弘 氏　146
インタビュー⑰ 東京医科歯科大学大学院医歯学総合研究科教授　平川晃弘 氏　147
インタビュー⑱ 京都府立医科大学大学院医学研究科精神機能病態学教授　成本迅 氏　170
インタビュー⑲ 東京大学大学院薬学系研究科客員准教授　五十嵐中 氏　172

第3章

第4章

第5章

第6章

※インタビュー及び座談会出席者の所属・役職はいずれも取材当時のもの

序　章

G11保健大臣会合

米国大統領とWHO事務局長が初出席
ウェルビーイングモデルの構築は可能か？

20XX年11月1日、米国大統領とWHO事務局長が立て続けに青森国際空港に到着した。向かう先は、新設された「弘前国際ウェルビーイングセンター」（HIWBC：Hirosaki International Well-being Center）。HIWBCは弘前大学附属病院に隣接する「健康未来イノベーションセンター」が手狭になったため、一昨年国費を投入して建設された世界最先端の国際医療センターである。

今回の先進首脳会議G11（以前は7カ国で構成されていたが、現在は11カ国で構成されている）の閣僚会合の1つ、「保健大臣会合」の会場となるのがこのHIWBCだ。ちなみに米国大統領とWHO事務局長が、G11保健大臣会合に出席するのは歴史上初めてのこと。保健大臣会合の議題は「世界のウェルビーイングモデルの構築」である。

青森国際空港は昨年、G11に合わせて新設された1本を含む3本の滑走路を有し、全世界からの直行便やチャーター機が離発着する日本有数の国際空港となった。青森国際空港からHIWBCまでは、直通の高速道路が整備されており、自動運転のカーゴが空港からHIWBCまで約30分で人を運んでくれる。

青森県は2030年に〝平均寿命日本最下位〟を脱出し、その後は目覚ましい寿命改善が進んで、現在は平均寿命の男性、女性で日本トップの座を3年間守り続けている。特に顕著なのが健康寿命の延びで、すでに平均寿命と健康寿命の差は男性で3年、女性でも4年と、2020年と比べて3分の1に縮まっている。もちろん、こちらも日本で断トツだ。青森県が20世紀から21世紀初頭にかけて、「日本一の短命県」として平均寿命日本最下位を不動のものにしていたことを知る人間は少ない。

この奇跡ともいえる平均寿命と健康寿命の大逆転のトリガーになったのが、2005年から始まった「岩木健康増進プロジェクト・健診」という当時としては画期的な健診システムと、2013年、2022年と続けて採択された「弘前大学COI」という国家プロジェクト、そして現在まで40年以上続く「QOL健診」だ。

半世紀前、2013年から始まった弘前大学COIでは、当時としては最先端の「ビッグデータ解析」という手法が取り入れられた。2005年から始まっていた岩木健診で蓄積された約3000項目ものデータを「ベイジアンネットワーク」という手法でアルゴリズム的に解析・可視化、健康な人の健診データから個々の疾病リスクを予想するということが机上で可能になった。特に、糖尿病や高血圧、高脂血症等の生活習慣病関連はセレクトされた約20種の健診データで90％前後の疾病発症の的中率をすでに実現していた。

そして、2022年から始まった「弘前大学COI－NEXT」では、ウェアラブルデバイスを使ってこの健診データを24時間365日取得することが可能となり、同じタイミングで全世界に普及した汎用型AIを使って瞬時に現在の健康状態と近い将来の疾病リスクをリアルタイムで判断することに成功した。さらに、食事や運動などの生活改善のデータもリアルタイムでアップデートされ、健康的な食事や適度な運動を行ったその瞬間に、疾病リスク値が目に見えるかたちで変化し、個々のデバイスに表示されるようになった。

現在、このシステムは健康保険制度に組み込まれ、デバイスとアプリの利用料金の3分の2は国が負担している。ちなみに、すでに長寿県トップとなった青森県では、5年前から県の助成で利用者は全額無料だ。青森県の医療費と介護費はすでにピーク時の半分以下となり、劇的な削減を実現した。全額補助を行っても、青森県の財政的にはその何倍もの社会保障費の支出削減効果が生まれ、その分を子どもの育成や教育費に回している。そのため、子どもを育てやすい県としても有名となり、ここ数年は青森県への人口流入超過の状態が続いている。ほかの多くの自治体でも、青森県の事例を参考に、このシステムの全額負担の検討に入っている。

さらにインバウンド（訪日外国人観光客）の恩恵も大きい。インバウンドの1つは、健康な人が将来的な疾病予測まで含めた生涯にわたってのリスクを検査する「最適化健診 Optimized health check」を受けに来る「メディカルツーリズム」の訪日客。世界中から、特に富裕層といわれる人々がHIWBCを頻繁に訪れる。来日初日はHIWBCで健診を行い、次の日からは北海道をはじめとする日本の各観光地へ移動し、その後、最後に再度、弘前に立ち寄って、健診結果とアドバイスをもらって帰国するという流れだ。近年は、自国にいながらも遠隔健診ができるサービスも普及しているが、やはり観光目的で実際に来日するツアーのほうが圧倒的に人気だ。

ＨＩＷＢＣでは遠隔ロボットも医師や看護師と一緒に働いている。この遠隔ロボットを操作するのは、日本だけでなく世界中からアクセスできるＨＩＷＢＣのスタッフだ。ちなみにＨＩＷＢＣに設置されている国産遠隔手術ロボット「HINOTORI2」は世界中のトップランクの医師がアクセスして、世界最先端の手術を行っている。

そしてインバウンドのもう1つは、このシステムを誕生させ、たった数十年で日本一の短命県を日本一の長寿県に大変革させた「弘前モデル（HIROSAKI model）」をつくり上げた青森県、そして弘前市の取り組みを調査しに来る各国政府関係者の視察団だ。

現在の世界の人口は97億人となり、いよいよ２０８０年には１００億人となってピークを迎えると言われている。世界中が人口減少と少子高齢化に向けた新たな時代を迎えようとしており、高齢化に伴って増える医療費や介護費の抑制のためにも、健康寿命の延伸は世界共通の最優先課題となっている。そこで、短期間に短命県から長寿県に変革したばかりか、健康寿命を劇的に改善させた「弘前モデル」を自国の健康施策の参考にしようというわけだ。

ちなみに現在、青森県庁も弘前市役所も定年は75歳。ただし、本人が希望する場合は90歳までの定年延長が可能だ。

働き方は、弘前市役所では何百通りもあるシミュレーションから週ごとに選択可能となっている。ある週は午前中だけ在宅勤務、ある週は14時～16時まで役所で勤務し、その後1時間オンラインの打ち合わせ、そして次の週は1週間休みといった具合だ。この勤務シミュレーションは過去100年間の弘前市役所での勤務体系のデータと最新の勤務データをAIが自動的に読み込み、働き手の希望に沿ったかたちのシミュレーション結果を提案してくれる。しかも、すでに毎日、自動的にセンシングされている健康データとも連動しており、働き手の希望が身体的に少し無理があるような場合は、これもAIが自動的に警告を出してくれる優れものだ。

日本の人口は現在約8000万人。50年前に予想された通り人口は減少し続けており、2090年には約6700万人、2110年には約5300万人にまで減少すると予測されている。さらに、2010年には約1800あった市町村のうち800以上が消滅した。

「弘前モデル」は地域が生き残る1つのモデルとしても世界中から注目されている。「健康」というキーワードを旗印にして、見事に、いち地方都市を世界的な都市に飛躍させたストーリーは、世界中の都市の再活性化に向けたモデルケースとして研究対象にもなっている。

（20XX年11月1日付 ワシントンデイリーポスト紙）

＊　＊　＊

２０ＸＸ年の架空の話が絵空事ではなくなるかもしれません。そんなプロジェクトが本州の北端、青森県弘前市で進行しています。２００５年から弘前市の岩木地区でスタートした「岩木健康増進プロジェクト・健診」、それをベースとして２０１３年に採択された国家プロジェクト「弘前大学ＣＯＩ（Center of Innovation）」、２０２２年に採択された「弘前大学ＣＯＩ－ＮＥＸＴ」がそれです。

本書では、この「岩木健康増進プロジェクト・健診」と「弘前大学ＣＯＩ」「弘前大学ＣＯＩ－ＮＥＸＴ」を、多くの関係者の生の声を紹介しながら解説するとともに、日本が抱える少子高齢化と人生１００年時代へ向けての課題解決に向けて、弘前発のウェルビーイング社会の実現に向けた処方箋を探っていきます。

第1章

少子高齢化と日本一の短命県・青森

歯止めのかからない人口減少と高齢化率の上昇

2023年1月1日現在の日本の人口は1億2242万3038人。前年と比べて80万523人、0・65%減少しました。これは14年連続の減少となっています。減少数、減少率ともに調査を始めた1968年以降最大となったほか、初めて47都道府県すべてで人口が減りました。人口減少に歯止めがかからない状況が続いています。

また、2022年の1年間に生まれたのは77万1801人で、調査を始めた1979年以降最少となった一方で、亡くなったのは156万5125人と最多となっています。この結果、亡くなった人が生まれた人を上回る「自然減」は79万3324人と、15年連続で増加しています。

都道府県別の人口は、東京都が最も多く1326万553人、次いで神奈川県の897万2702人、大阪府の851万6503人などとなっています。最も少ないのが鳥取県の54万1587人、次いで島根県の64万9691人、高知県の67万9769人などとなっています。2023年は沖縄県が減少に転じ、初めて47都道府県すべてで人口が減りました。

現在、日本社会にとって最も深刻な問題の1つが少子高齢化です。少子高齢化とは「子どもが減少（少子化）し、高齢者が増加（高齢化）する社会」を意味します。

少子化は合計特殊出生率の推移を見ることで判別できます。合計特殊出生率とは女性が一生の間に生む子どもの数を指します。

人口維持に必要な水準（日本では合計特殊出生率2・08前後）を長い期間下回ると「少子化」と呼ばれる状態になります。ちなみに、厚生労働省が2023年6月2日に発表した2022年の「人口動態統計（概数）」では、合計特殊出生率は7年連続の下落で1・26となり、2005年と並んで過去最低を記録、人口維持に必要な水準を大きく下回っています。つまり人口維持ができないため総人口が減少しているのが今の日本の状況です。

一方の「高齢化」は65歳以上の人口が全体の何割を占めているのかで計ります。全体の7％を超えると「高齢化社会」、14％を超えると「高齢社会」、21％を超えると「超高齢社会」とされています。

総務省が2023年9月18日に公表した65歳以上の高齢者の人口推計によると、9月15日時点の65歳以上の高齢者は3623万人となりました。総人口に占める割合は、対前年比0・1ポイント増の29・1％で過去最高を更新しています。ちなみに80歳以上は対前年比27万人増の1259万人で、初めて「10人に1人が80歳以上」という状況にもなっています。

高齢化の原因には医療の進歩による平均寿命の延伸が挙げられます。

1947年の平均寿命は50歳前後でしたが、厚生労働省が2023年7月28日に発表した「令和4年簡易生命表」では、男性の平均寿命は81・05歳、女性の平均寿命は87・09歳と格段に伸びています。さらに、２０５０年の平均寿命は男性84・02歳、女性90・40歳と、現在よりも3歳程度伸びて、女性は90歳を超えてくると推計されています。

少子高齢化によって顕在化する大問題

「高齢者」の用語は文脈や制度ごとに対象が異なり、一律の定義がありません。しかし「高齢社会対策大綱」（２０１８年2月閣議決定）では、便宜上、一般通念上の「高齢者」を広く指す語として用いるとしています。なお、高齢者の定義と区分に関しては、日本老年学会・日本老年医学会「高齢者に関する定義検討ワーキンググループ報告書」（２０１７年3月）において、特に65〜74歳では心身の健康が保たれており、活発な社会活動が可能な人が大多数を占めていることや、各種の意識調査で従来の65歳以上を高齢者とすることに否定的な意見が強くなっていることから、75歳以上を高齢者の新たな定義とすることが提案されています。

65歳以上人口のうち65〜74歳人口は、「団塊の世代」が高齢期に入った後、２０１６年の１７６７万人でピークを迎え、その後は増減を繰り返しながら、２０４１年に１７１５万人となった後、減少に転じると推計されています。一方、75歳以上人口は、２０５４年まで微増傾向が続くものと見込まれています。

２０２３年９月１日時点の１００歳以上の高齢者の数は前年より１６１３人増加し、９万２１３９人となっています。１００歳以上人口の増加は53年連続であり、圧倒的に女性が多く、全体の88・５％を占めています。また、80歳以上は１２５９万人で、総人口に占める割合は対前年比０・２ポイント増の10・１％となり、10人に１人が80歳以上となりました（**図表①**）。

これらの数字を見ると、多くの人が感覚的に捉えている高齢化の進行よりもさらに進んだような実態が浮き彫りになってくるのではないでしょうか。

さらに一歩進めて「２０４０年問題」を考えてみましょう。今から15年後は、65歳以上の高齢者が約３５００万人となり（**図表②**）、経済的に豊かではない高齢者がさら

図表① 高齢者人口及び割合の推移（1950年～2023年）

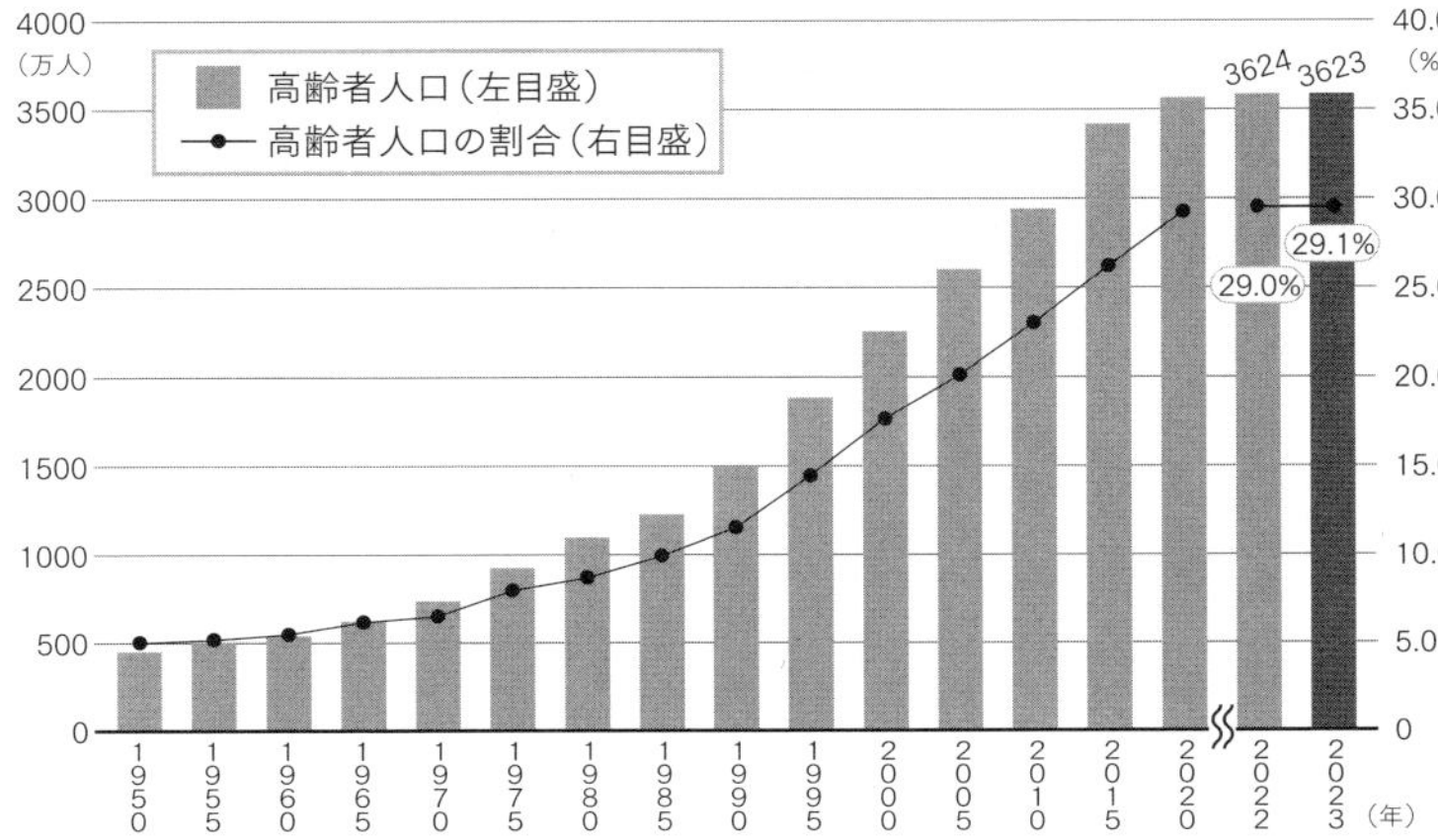

資料：1950年～2020年は「国勢調査」、2022年及び2023年は「人口推計」
（注1）2022年及び2023年は9月15日現在、その他の年は10月1日現在
（注2）国勢調査による人口及び割合は、2015年までは年齢不詳をあん分した結果、2020年は不詳補完結果
（注3）1970年までは沖縄県を含まない

図表② 高齢化の推移と将来設計

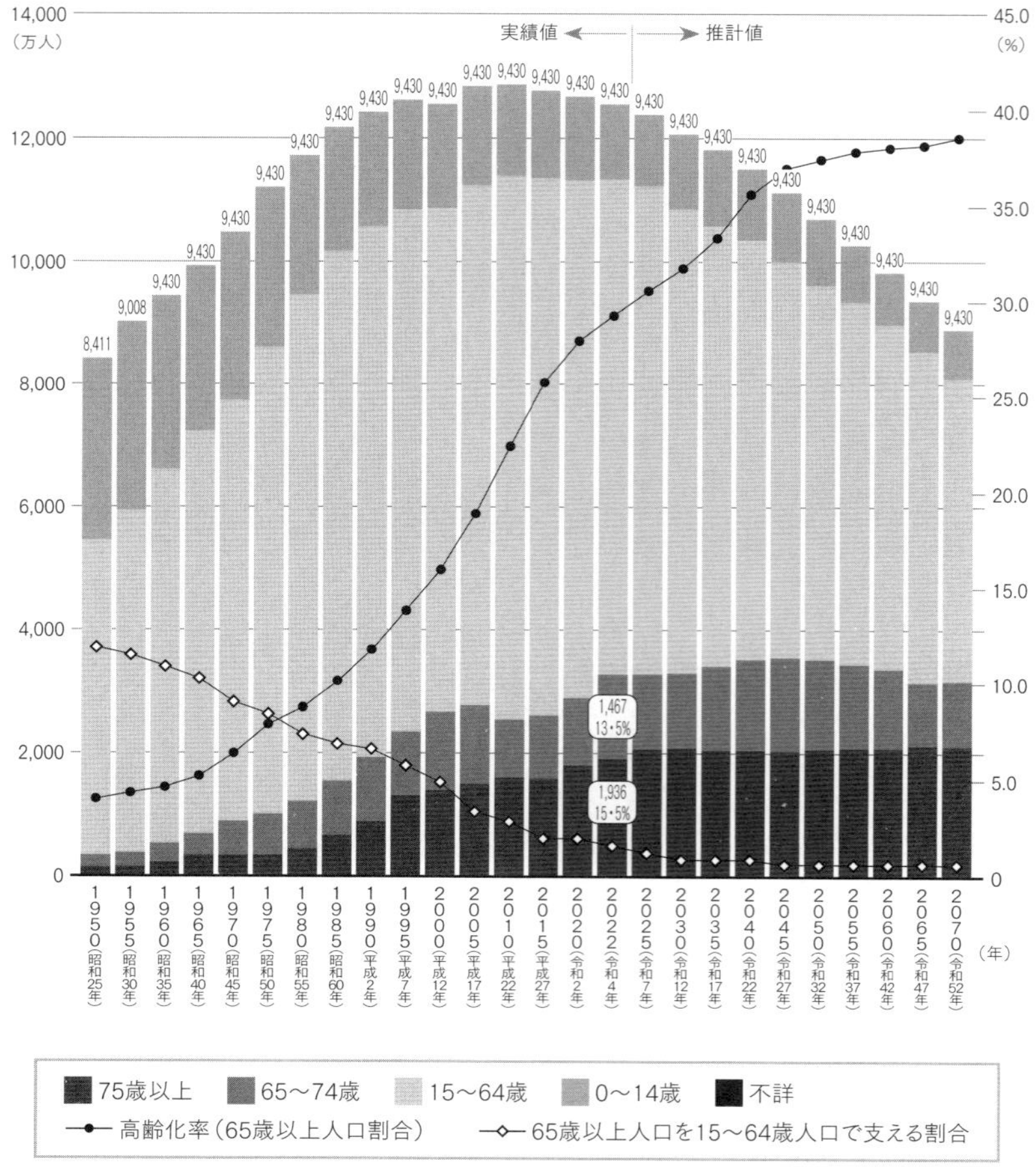

資料：棒グラフと実線の高齢化率については、2020年までは総務省「国勢調査」(2015年及び2020年は不詳補完値による。)、2022年は総務省「人口推計」(令和4年10月1日現在(確定値))、2025年以降は国立社会保障・人口問題研究所「日本の将来推計人口(令和5年推計)」出生中位・死亡中位仮定による推計結果

(注1) 2015年及び2020年の年齢階級別人口は不詳補完値によるため、年齢不詳は存在しない。2022年の年齢階級別人口は、総務省統計局「令和2年国勢調査」(不詳補完値)の人口に基づいて算出されていることから、年齢不詳は存在しない。2025年以降の年齢階級別人口は、総務省統計局「令和2年国勢調査　参考表：不詳補完結果」による年齢不詳をあん分した人口に基づいて算出されていることから、年齢不詳は存在しない。なお、1950年〜2010年の高齢化率の算出には分母から年齢不詳を除いている。ただし、1950年及び1955年において割合を算出する際には、(注2)における沖縄県の一部の人口を不詳には含めないものとする。

(注2) 沖縄県の昭和25年70歳以上の外国人136人(男55人、女81人)及び昭和30年70歳以上23,328人(男8,090 人、女15,238人)は65〜74歳、75歳以上の人口から除き、不詳に含めている。

(注3) 将来人口推計とは、基準時点までに得られた人口学的データに基づき、それまでの傾向、趨勢を将来に向けて投影するものである。基準時点以降の構造的な変化等により、推計以降に得られる実績や新たな将来推計との間には乖離が生じうるものであり、将来推計人口はこのような実績等を踏まえて定期的に見直すこととしている。

(注4) 四捨五入の関係で、足し合わせても100.0%にならない場合がある。

に増えてくると、社会保障費の問題を含めて生産力の低下が大きな社会的問題になるといわれています。世界的に見ると、2050年には日本の人口を超える程度の人が認知症になるだろうと推定されています。医療費も全世界で500兆円になるまで大きく膨らむのではないかといった予測もあります。

このような少子高齢化の進展と現役世代（生産年齢人口）の減少により、国内需要の減少による経済規模の縮小、労働力不足、日本の投資先としての魅力低下による国際競争力の低下、医療・介護費の増大など社会保障制度の給付と負担のバランスの崩壊、財政の危機、基礎的自治体の担い手の減少など、さまざまな社会的、経済的な課題が深刻化する可能性が指摘されています。

特に少子高齢化は深刻な労働力不足を引き起こすと言われています。医療や介護、建設などの業種は生活の土台を支えているため、人手不足は社会全体の崩壊にもつながりかねない事態を引き起こし、国内の生産性・成長率が止まり、日本経済が停滞する恐れもあります。

また、少子高齢化は若年層のさまざまな負担を増加させます。身近な例でいえば、親の介護です。平均寿命が伸びることで、少子化によって1人の子どもが親の介護を長期間にわたり担わなければいけない状態が起こってくることが予想されます。高齢化が進めば医療や介護が必要な人が多くなります。平均寿命が延びるほど医療費や介護費が膨らみます。年金に関しても、少子高齢化が進めば進むほど年金を受け取る人が増加して、必要な年金額は増える一方で、働き手は減るため、年金制度のバランスが崩れていきます。

ところで、先ほど説明した現役世代（生産年齢人口）の減少問題ですが、実は15～65歳までの人口を労働力人口として計算しています。

現在でも「60歳定年」「62歳定年」という話をよく聞きますが、もし労働力人口の対象を15～70歳とすると、750万人の労働力人口が上乗せされますし、さらに15～75歳とするとさらに930万人が上乗せされます。日本の労働力人口が2022年で約6900万人ですから、机上の計算ではありますが、実に24％増となります。日本の国民的な漫画『サザエさん』の中で、サザエさんのお父さんである磯野波平さんは54歳、お母さんのフネさんは52歳の設定です。この漫画は昭和20年～40年代を描いたと言われていますが、令和の現在の感覚からだと、波平さんもフネさんも設定の年齢から10～15歳くらい上の感覚があるのではないでしょうか。

少子高齢化問題の処方箋「健康寿命の延伸」

平均寿命が延びることによる、もう一つの大きな問題が、医療費と介護費の増加です。

2000年に世界保健機関（WHO）が提唱した「健康寿命」という概念があります。健康上の問題によって日常生活が制限されずに生活できる期間とされ、「平均寿命」から、寝たきりや介護を必要とした期間を除いた期間が「健康寿命」となります。

日本は2013年に閣議決定された「日本再興戦略―JAPAN is BACK―」の中で設定された「戦略市場創造プラン」の健康・医療分野で、「国民の『健康寿命』の延伸」を掲げています。

そこでは、日本の健康寿命は世界最高水準であるという強みがある一方で、「疾病の罹患率が高く、要介護率が高い75歳以上の高齢者の増加」に加え、「一人暮らしなど家庭内相互扶助が期待できない高齢者の増加」「医療・介護技術の進歩によるサービス提供水準の高度化などへの対応にかかわる需要はまだ満たされていない」などと指摘しています。そして「2030年のあるべき姿」として、予防サービスの充実などにより、国の医療・介護費用の増大をできる限り抑えつつ、より質の高い医療・介護サービスを提供することにより「国民の健康寿命が延伸する社会」をめざすことを示しています。

また、2012年にスタートした「健康日本21（第二次）」にも「健康寿命の延伸と健康格差の縮小」が明記されており、この「健康寿命の延伸」は、この10年間、日本の最優先課題とする政策の1つとなっています。

年金や医療、介護などの社会保障制度は労働力人口によって支えられています。高齢者1人を支える労働力人口は、1960年は11・2人、1980年が7・4人、2014年が2・4人となっており、高齢者が増えることで1人当たりの負担が増大します。このまま少子高齢化が進むと、2060年には高齢者1人を約1人で支えることになります。

現在、国では高齢者に特有の疾病や健康増進に関する調査研究をはじめ、医療・リハビリ・介護関連機器などに関する研究、高齢社会対策の総合的な推進のための調査分析などが行われています。また各分野で「ニッポン一億総活躍プラン」「働き方改革実行計画」「新しい経済政策パッケージ」などとの連携も深めています。さらに、全世代の人々が高齢社会での役割を担いながら、積極的に参画する社会を構築するための施策の推進を図っています。

日本一の短命県・青森で始まったプロジェクト

厚生労働省が5年ごとに発表する平均寿命の都道府県別ランキングの2020年実施の結果によれば、男性で平均寿命が最も長かったのは滋賀県で82・73歳、次いで長野県が82・68歳、奈良県が82・4歳となっています。一方で、女性では岡山県が最も長く88・29歳、次いで滋賀県が88・26歳、京都府が88・25歳となっています。

青森県は、男性で79・27歳、女性で86・33歳といずれも全国最下位。男性がトップの滋賀県と3・46歳の差、女性ではトップの岡山県と1・96歳の差です。しかも男性で1975年から10回連続、女性も1995年から6回連続で全国最下位が続いており、日本一の「短命県」の状態となっています。

この差が生じる要因は、単純に高齢者の寿命の違いではなく、特に青森県の働き盛り世代の死亡率の高さが大きく関係しています。その背景として、男女ともに喫煙率が高いこと、健康診断受診率が低いこと、スポーツをする人が少ないこと、食生活習慣（食塩摂取量が多いこと）などが総じて、さまざまな生活習慣の乱れや県民のヘルスリテラシー（健康知識・教養）に起因していると考えられています。

この状況を打開するため、弘前大学の中路重之教授が中心となり、2005年に弘前市岩木地区の住民に対しての健康増進活動として開始したのが「岩木健康増進プロジェクト・健診」（岩木健診）です。その一環として、同地区の住民を対象とした大規模な健康調査（大規模住民合同健康診断）をスタート。これまで19年にわたり毎年継続して実施してきました。

その取り組みが、2013年に文部科学省・国立研究開発法人科学技術振興機構（JST）の「革新的イノベーション創出プログラム（センター・オブ・イノベーション〈COI〉プログラム）」の拠点として採択され、これまで多くの研究成果を上げてきました。

2022年には同じく文部科学省・JSTの大型研究支援プログラムである「共創の場形成支援プログラム（COI-NEXT）」の拠点としても採択され、これまでのCOIプログラムをさらに発展させた新たな課題解決にも取り組んでいるところです。

〝日本一の短命県〟からの脱却をめざして始まった岩木健診、弘前大学COI、そして弘前大学COI-NEXTは、少子高齢化に対する処方箋「健康寿命の延伸」に大きく寄与する可能性を秘めています。国や青森県、弘前市など、行政が寄せる期待も大きいものがあります。

インタビュー①

青森県は健康づくり対策に力強く取り組む

前青森県知事　三村申吾 氏

青森県は日本屈指の桜の名所として知られる「弘前城の桜」をはじめ、世界最大級のブナ原生林である「世界自然遺産 白神山地」、紅葉の時期の散策が格別な「奥入瀬渓流」などの豊かな自然に恵まれています。自然とともに生き、平和で協調的な社会を形成していたことを物語るとともに、今日を生きる私たちに大切なメッセージや哲学を示唆してくれる「世界文化遺産 北海道・北東北の縄文遺跡群」には、ぜひ一度はみなさんに来ていただきたいですね。さらに、多くの観光客が訪れる「青森ねぶた祭」をはじめ、「五所川原立佞武多」や豪華絢爛な山車祭り「八戸三社大祭」、日本三大流し踊りのひとつ「黒石よされ」など、古くから伝わる青森各地のお祭りも青森県が誇る魅力の１つです。

２０２０年度の青森県の食糧自給率（カロリーベース・概算値）は１２５％で全国第4位であり、米や野菜、果実、さらに畜産や水産といったバランスの取れた食材を生産している県でもあります。また、２０２１年の農業産出額は7年連続で３０００億円を突破し、18年連続で東北トップの位置を堅持しています。

　青森県民の気質として、誘致した企業や本県の人材を求める県外の企業からは、地道にコツコツと取り組む「丁寧さ」や「真面目さ」、そして「粘り強さ」などを高く評価する声が聞かれ、大変嬉しく思っています。

　ただ、残念なことに、成人肥満者や肥満傾向児の割合が全国平均よりも高く、子どもの頃からの肥満予防対策が課題となっています。また、成人の食塩摂取量は、男女ともに全国平均よりも多く、県をあげて減塩対策を行っています。

　青森県は平均寿命全国最下位で、これを何とかしようと頑張っているところです。ただし、健康寿命は最下位を脱出しており、特に女性の健康寿命は13位※まで上がってきています。

　弘前大学ＣＯＩプロジェクトは、青森県の短命県返上への貢献のみならず、高齢化が急速に進行する日本はもとより、世界中の人々のＱＯＬ（クオリティ・オブ・ライフ：生活の質）の向上につながることが期待されていたもので、採択されたときは本当に嬉しかったですね。

　青森県では、医療・健康・福祉等のライフ関連産業を次世代の県経済を牽引する柱として育成するため、「青森ライフイノベーション戦略」に基づき各種取り組みを進めてきたところです。この戦略の中で「ヘルスケアサービス」分野を重点分野の一つとして位置づけており、弘前大学ＣＯＩプロジェクトは、「ヘルスケアサービス」分野における中核的な取り組

※取材時の最新値

みとなっています。

具体的には、弘前大学COIプロジェクトの参画企業と県内企業との連携による、新たな健康ビジネスづくりに向けたモデル実証事業を展開しており、これまで「過去に受診した健診データを確認できる健康管理アプリの開発」や「健康志向食品の開発」など、県内企業による成果が着実に現れてきています。引き続き、弘前大学COIプロジェクトの参画企業と県内企業との連携を促進し、ライフ関連産業のさらなる振興につなげていきたいと考えています。

弘前大学COIが10年の長きにわたりプロジェクトを継続できたのは、携わった研究者の方々の熱意はもとより、「岩木健康増進プロジェクト・健診」（岩木健診）の実施に協力くださっているボランティアや、地元弘前市をはじめとするさまざまな関係者の方々のご理解とご協力、そして地域住民との揺るぎない信頼関係があってからこそだと認識しています。また、三菱総合研究所の小宮山宏理事長や、内閣府科学技術・イノベーション推進事務局長の松尾泰樹氏（取材当時）をはじめ、プロジェクトの推進にあたり、青森県の良き理解者としてご指導くださる人の縁にも支えられてきました。本当に感謝という言葉しかありません。皆さまへのご恩返しという意味でも、ぜひ短命県返上を結果としてお見せできればと考えています。

弘前大学COI‐NEXTは、これまでの10年間の研究成果に立脚し、弘前大学が弘前市等と連携して、健康寿命の延伸とヘルスケア産業の振興に取り組んでいくものであり、社会的意義が大きいプロジェクトだと感じています。青森県の健康寿命の延伸やライフ関連産業の振興にも貢献するものと期待しています。青森県としても引き続き、新たなビジネスの創出を積極的に支援するとともに、弘前大学を中心として「産学官金」の関係機関が緊密に連携し、地域一丸となって取り組みます。

青森県では、青森県健康増進計画「健康あおもり21（第2次）」において、早世の減少と健康寿命の延伸を目標に掲げ、県民の「健やか力」の向上等をめざして、各種施策に取り組んでいます。

また、健やか力推進センターの運営や「ＱＯＬ健診」など、弘前大学を中心とした産学官民の連携による、健康寿命の延伸に寄与する取り組みも進められています。

特に２０１９年の健康寿命は、男女ともにこれまでで最長となり、男性は71・73歳※、女性は76・05歳※となりました。全国順位では、男性は42位※であるものの、女性はなんと13位※にまで順位を上げてきており、これまでの取り組みによる成果が着実に現れているものと受け止めています。

青森県民が健やかに日々を過ごすためには、心筋梗塞や脳卒中、糖尿病などのいわゆる生活習慣病の予防、高齢者のフレイル予防に向けた健康習慣の実践が重要と認識しており、これまでも、だしのうま味でおいしく減塩を推進する「だし活」や、野菜に含まれるカリウム

※取材時の最新値

で体内の余分な塩分を排出する「だす活」の活動をはじめ、野菜摂取の促進に係るさまざまなキャンペーンや運動習慣の定着に向けた各種イベントを行ってきています。

肺がん、心筋梗塞などの虚血性心疾患などに因果関係があるとされる受動喫煙の対策として、２０２３年３月に「青森県受動喫煙防止条例」を制定して、受動喫煙防止に係る啓発や支援等を進めているほか、２０２３年度からは新たに子どもの肥満予防に関する実態調査を進めるなど、子どもから大人まで全世代での健康づくりにも取り組んでおり、今後も県民の皆さまの命と人生が輝いて、生き生きと暮らしていけるよう、健康づくり対策に力強く取り組んでまいります。

（取材日：２０２３年６月26日／所属・役職は当時のもの）

インタビュー②

ひと・まち・みらいの健康めざす

弘前市長　櫻田 宏 氏

弘前大学と青森県総合健診センターとの連携による、弘前市の健康水準の向上、平均寿命の延伸に向けた取り組みとして、２００５年に当時の岩木町（現在は弘前市の岩木地区）で、地域の住民を対象にした健康調査、いわゆる「岩木健康増進プロジェクト・健診」（岩木健診）が始まりました。

現在、弘前大学が中心となり、たくさんの企業の方々、さらに弘前市の「健幸増進リーダー」や「健康づくりサポーター」あるいは「食生活改善推進員」といった地域の健康づくりを支えているボランティアの皆さまも含めた約３００人の方々にご協力をいただいて、連続10日間という非常にハードな日程の中で健康診断が行われています。

毎年約１０００人の方々に２０００〜３０００項目に及ぶ検査を受けていただき、そのデータを19年間蓄積してきたものは、すでにビッグデータとして価値を持ってきています。

さらに、地域住民の方々には毎年受診していただけるということで、その結果を地域住民にフィードバックして自分の健康状態を確認していくということも同時に行っており、地域住民の健康水準も着実に上がってきています。そして、2013年に、この「岩木健康増進プロジェクト」を核とした取り組みが文部科学省の「革新的イノベーション創出プログラム（COI）」に採択され、年々、その研究が加速してきているというところです。

特に、加齢で起こるさまざまな健康問題や認知症への取り組み、さらに、疾患の予測・予防法の確立などは、弘前市民のみならず多くの国民の健康長寿に寄与できるものと思っています。これまで、岩木地区の方々にずっとご協力いただいてきたことを、弘前市民全体にもっと活用できるのではないかということで、「弘前市総合計画　後期基本計画」の基本方針の柱に据えています。

地域住民の方々が健康で長く活躍するということ、その上で、健康・医療関連産業の誘致も含めて、雇用の確保や所得の向上にもつなげる、そのようなまちづくりをしていきたいと思っています。

さらに、次世代医療基盤法に基づく医療情報提供契約を全国の地方公共団体で初めて締結させていただきました。弘前大学が長年蓄積してきた超多項目の健康ビッグデータに、国民健康保険のレセプトや特定健診結果、介護保険のデータ等をつなぎ合わせ研究に利活用していくことで、青森県や弘前市が〝日本一の短命県〟から脱却していく姿を全国に発信していけるのではないかと思っています。

弘前市民は、昔から〝津軽衆〟と言われます。どうしても発音やアクセントが訛っていますので、ほかの地域の方々と接するときは、最初は〝バリア〟を張る傾向にあります。ところが会話をして仲良くなると、あとは堰を切ったように、いろいろな話をします。人に優しいですし、人と協力をすることが当たり前のような人たちです。「これお願いします」と言うと、「わかりました」と言ってすぐにやってくれます。

例えば、弘前市でゴミの減量化を進めるときにも、指定袋制度を導入して、事実上の有料化でスタートしかけた際に、「いやいや、市民の皆さんの努力で減らしましょう」と……。実は、家庭から出るゴミの半分近くが生ゴミで、その半分以上が水分です。ですから水分を減らそうということで「水切りをしっかりやってください」とお願いしたら、皆さんが水切りしてくれて、結果的にゴミの重さも量も減ってしまいました。すごいなと思いましたね。

また、コロナ禍で感染が広まったために2020年の「弘前さくらまつり」では、弘前城のある弘前公園を閉鎖しました。ところが、公園の外の堀端に咲いている桜も満開でそこに人が集まる危険がありましたので、なるべく来場を控えてほしいとお願いしたら、歩く人が本当にいなかったことがありました。

「これお願いします。なぜならこういうことだから」と説明すると、きちんと守ってくれる人たちがこの地域に多いです。これは津軽気質です。そういう部分で、協力している市民の方々と弘前大学や企業のスタッフの方々との関係づくりができてきているということだと思います。ですから、3時間～5時間かかる岩木健診にも快く協力してくれるわけです。多分、都心でしたら皆さん途中で帰ってしまうのではないでしょうか。

弘前市民が健康で長く活躍できる「ひとの健康」をめざしたまちづくり、そして、ひとに血液が流れているように、働く場があって、所得が向上して、まち全体が元気でいる「まちの健康」にも力を注ぐまちづくりを進めていきたいと思っています。さらに、次の世代を担う子どもたちが元気に、さまざまなことに挑戦していけるような「みらいの健康」を合わせて、「ひとの健康」「まちの健康」「みらいの健康」のすべてを実現できるようなかたちが「健康都市弘前」だと思っています。

日本一の短命県である青森県が弘前市をモデルにして変わっていくというストーリーが実現できればと思います。弘前大学を中心に研究が進んで、行政も幹事自治体としてさまざまなかたちで参画し、一体となってこれまでにできなかったことを実現していく。これからCOI－NEXTとしての10年間は、大きなチャレンジだと思っています。

もうひとつ、楽しみながら健康になるということも実現したいと思います。子どもたちから親に健康についての情報が伝わり、親と子どもが一緒になって健康についての話をするような機会をつくっていきます。

例えば、カゴメさんの「ベジチェック」は野菜の摂取量を簡易的に測ることができるのですが、これが弘前市の皆さんは点数が低い。私も測ってもらうと野菜の摂取量が足りない。

しかし毎年「ベジチェック」で確認していたら数値がよくなっていきました。測定することによって野菜を食べるようになったんですね。

このようなことから、2023年度から2つのモデル校で、健康教育と絡めてベジチェックでの測定を実施することにしました。将来、これを各小中学校に広げていきたいと考えています。

さらに、2023年から「心の健康」ということで、笑いを提供していく機会もつくっていきます。文化振興課が中心となって、弘前市出身のお笑い芸人の方々に来ていただきます。ステージの前では約100人の方に協力していただいて、唾液検査によるストレスチェックをして、ステージを見る前と後でどのような変化があるのかというようなデータも取っていきたいと思っています。

健康であるということが、何をするにも元になります。それは体だけでなくて、精神的にも健康であることが理想です。それが実現すれば、いくつになってもいろいろなことができますし、そのような弘前市にしていきたいと思います。それがひいては日本の「人生100年時代」の幸せにつながっていくと思います。

（取材日：2023年6月8日／所属・役職は当時のもの）

平均寿命全国最下位から抜け出す「岩木健康増進プロジェクト・健診」

弘前大学では、2005年から青森県が平均寿命全国最下位（短命県）から脱却すべく、「岩木健康増進プロジェクト・健診」（岩木健診）と銘打った地域健康増進計画を推進しています。20歳以上の岩木地区の住民約1000人を対象に、毎年、健康診断を実施。生活習慣から遺伝子情報まで、調査項目は実に2000～3000項目に及びます。

岩木健診を約20年にわたって主導してきた弘前大学大学院社会医学講座の中路重之特任教授は次のように説明します。

「青森県が短命県であることは間違いないのですが、単に高齢者が長生きできないということだけではなく、働き盛りの30～50代の死亡率も高いのです。しかも、男女ともにです。この背景には喫煙率や飲酒率、肥満率などの高さがあり、普段の生活面での問題が山積していることはわかってきています。しかし、この生活習慣を実際に改善していくには、目に見える、はっきりとしたデータが必要になります。ここを解明していくことが、岩木健康増進プロジェクトの第一の目的です」

岩木健診では、これまで延べ約2万人以上（一部小中学生を含む）の健常者の健康情報（健康ビッグデータ）が蓄積されています。

この多項目健康ビッグデータは、個人の全身健康（機能）に関するあらゆる内容を包含する網羅的なデータ構造となっています。

岩木健診で得られる住民の健康情報は、体格や体組成、血液や尿、便検査といった基礎的な生理・生化学データに限らず、手間や費用のかかる体力測定（運動機能）やゲノム解析、好中球活性酸素種生能測定、リンパ球機能分析などの専門的なデータ、腸内・口腔内細菌、脂肪酸・アミノ酸分析、血液・メタボローム解析、血清中の微量元素測定、吸気中成分分析などのバイオデータから、就寝時間（睡眠）や食事内容といった生活状況に関する個人データ、労働環境や家族構成、学歴といった社会的環境に関するものまで、ありとあらゆるデータが含まれています。

この健康ビッグデータを用いることによって、分子生物学的なデータから社会科学的なデータまで、研究分野の垣根を越えた網羅的な解析が可能となります。

これはあらゆる分野の研究者が参画できる、総合的かつ先駆的で、そして網羅的な健康研究のプラットフォームになることを意味します。

ここまで大規模でかつ詳細な健康調査は世界的にも類を見ません。そのデータの解析によって、すでに多くの研究論文が発表されています。

岩木健診は1人最短5時間、10時間かかる人も

岩木健診の住民1人当たりの受診時間は早い人でも約5時間程度、長い人では7〜10時間にも及び、住民の負担も小さくありません。

しかし、弘前大学と地域住民との厚い信頼関係によって、健康ビッグデータが毎年、着々と蓄積されてきています。健診を受ける側の地域の人々も、「健康増進リーダー」などの肩書でボランティアとして運営にも加わっています。また、弘前大学からは医学部だけでなく、ほぼ全学部から教職員と学生がスタッフとして参加しています。

受診者は事前に数十ページに及ぶ生活調査アンケートに記入し、健診当日は血液、尿、唾液、嗅覚、聴覚、記憶力、運動機能など約50カ所の検査ブースを回ります。大変な健診ですが、参加者の多くはリピーターとなっています。

２０２３年の「岩木健康増進プロジェクト・健診」は、6月3日（土）から6月12日（月）の10日間の日程で、「中央公民館岩木館」及び「岩木文化センター あそべーる」にて実施され、約１０００人の地域住民が参加しました。6月7〜8日の2日間の岩木健診の様子を見てみましょう。

6月7日、天気は晴れ。岩木健診の朝は5時から始まりました。弘前大学医学部の横に立つ

「健康未来イノベーションセンター」にバスが横付けされ、大学関係者が続々と集まってきます。一番乗りは同大学の村下公一氏でした。

皆さんはテキパキと機材をバスに積み込み30分で出発準備は完了。ちなみにこの日は平日で授業があるため学生のボランティアは乗車しませんでしたが、土・日曜日は学生で満員になるそうです。

朝5時半にバスは健康未来イノベーションセンターを出発。15分ほどで会場の「岩木文化センター あそべーる」に到着します。そこにはすでに参加企業のスタッフをはじめとした多くの関係者が集まってバスの到着を待っていました。

バスが到着すると一斉に会場に入っていきます。時刻は朝6時少し前です。早速朝礼が始まります。当日の注意点や申し送り事項等が関係各所のリーダーからテキパキと伝えられていきます。

6時半には最初の受診者が早くも到着。受付の前で事前に用意された注意事項等の説明のビデオを見ています。すでに多くの受診者と顔見知りの中路氏や村下氏たちが気軽に声をかけています。受診する側と受診者を迎える側の距離が非常に近いのも岩木健診の特徴です。

ちなみに取材日はたまたま東京から経済産業省ヘルスケア産業課の藤岡雅美課長（当時）や都内から駆けつけた参加企業のスタッフも会場にいて受付を手伝っていました。

健診内容は42～43ページに掲載した**図表③**の通りです。早い人でも約5時間程度、長い人では7～10時間にも及ぶことが理解できると思います。

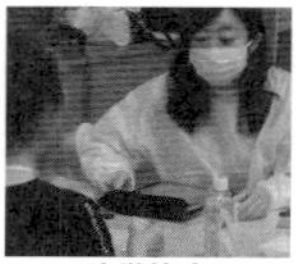
味覚検査

肝硬度測定

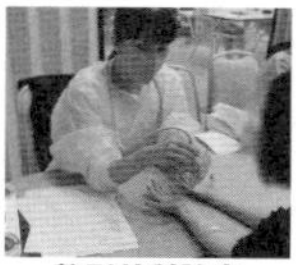
整形外科診察

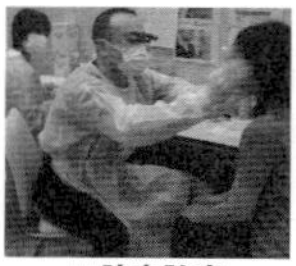
口腔内診察

嗅覚検査

頭皮・毛髪測定
（頭皮血流・皮脂測定）

皮膚抗酸化度測定

握力

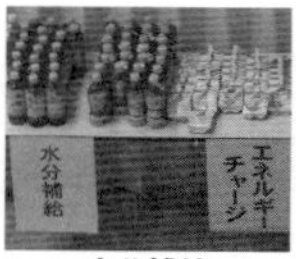

水分補給

運転に関する
機能測定

立ち上がりテスト

10m 歩行

2 ステップテスト

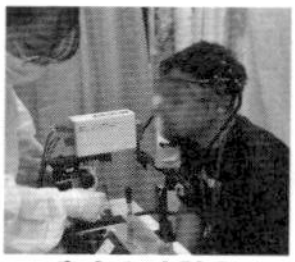
歯肉血流計測

AGEs

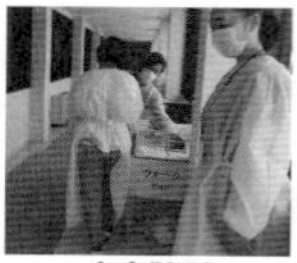
歩容計測

四肢血圧

脳波

健康調査票・食事
調査票聞き取り

更年期に関する
聞き取り

水分摂取聞き取り

毛細血管画像

肌に関する測定
（しわ測定）

母子手帳聞き取り

薬手帳聞き取り・アンケート

認知機能検査

図表③

岩木健康増進プロジェクト大規模住民健診全体フロー

※健診受診者は約50カ所の検査ブース（2施設4フロア）を約4～8時間程度かけて巡回

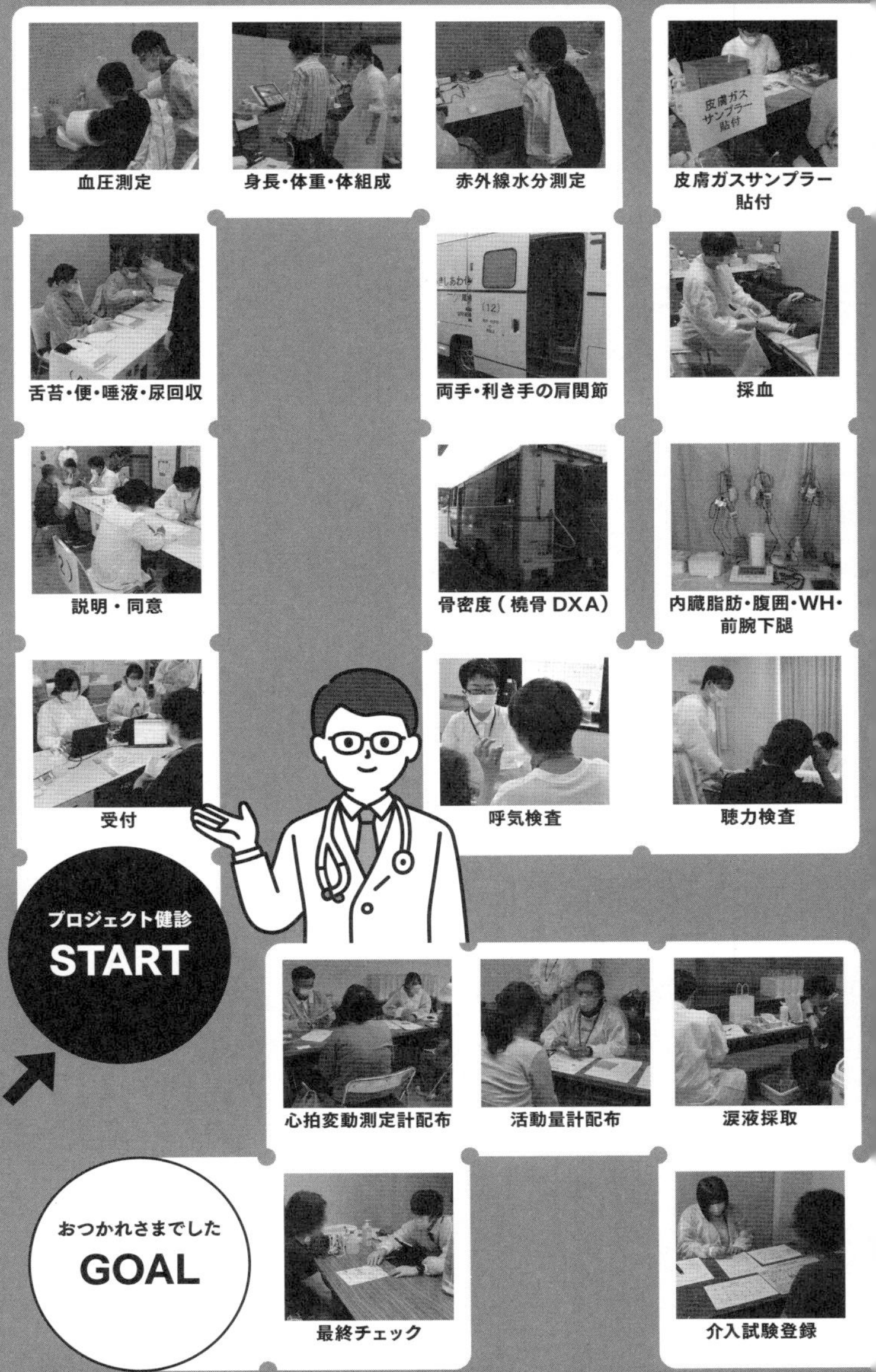

第2章

日本の科学・研究支援とCOIプログラム

大学には研究成果を社会に還元していく役割がある

近年、日本のイノベーションを取り巻く環境は大きく変化しています。特に、コロナ禍を経て劇的にデジタルトランスフォーメーション（DX）が進み、膨大なデータの活用とそのマネジメントは社会経済活動の有り様を大きく変えつつあります。

その一方で、2022年に始まったウクライナ問題をはじめとした断続的な国際紛争、開発途上国での人口増や貧困化といった世界的な課題は未だ解決の糸口を見つけられずにいます。

このような多様な課題に同時に取り組み、よりよい社会をつくる上で、知と知の組み合わせによって新たな価値を創造していくことは、その重要性を一層増しています。

そんな中で、公共の存在であり、しかも多様な先端知が集結している大学は、教育・研究という基本的な役割をベースに、その研究成果を社会に還元していくというミッションに向けて力を発揮することが期待されています。

こういった社会の期待に応えるべく、より多様な人材が大学の活動に参画し、その中から知的、人的、経済的な新しい価値が生まれ、それらの価値が、また大学の活動を支えて発展させるという好循環を確立することが求められています。

約30年にわたって変遷を繰り返してきた制度や予算の枠組みを、大学はまさに今、自分の意思で教育や研究そして社会貢献活動といったあらゆる場面で拡張できるよう、最大限活用していく時期が到来しているのではないでしょうか。

そこで、COIプロジェクトが誕生するまでの約30年の日本における産学官連携の施策の歴史を簡単に振り返ってみたいと思います。

日本における研究開発支援施策の変遷

日本では、1986年の「研究交流促進法」の制定を期に、共同研究制度や共同研究センターなどの整備が国立大学を中心に進められました。1980年代といえば日米間の貿易不均衡が拡大しており、米国が日本に対して一層の市場開放を求め、各分野で〝外圧〟をかけていた時期です。ちなみに、後にバブル崩壊のトリガーと言われた「プラザ合意」は1985年9月の出来事です。

研究の分野でも、いわゆる「基礎研究のタダ乗り」に対して米国は「シンメトリカル・アクセス（symmetrical access）」、すなわち米国の大学・研究機関への日本人研究者のアクセスの代償として、日本企業の研究所への米国人研究者のアクセスを要求してきました。

この問題の解決策として、政府は日本の大学や国立研究機関の研究レベルを米国と同等のレベルまで速やかに引き上げることを政策課題とし、総務庁（当時）が策定した「科学技術関係各省庁に対し研究助成制度の普及などについて勧告できること」や「研究開発投資の拡充」等の内容を盛り込んだ「科学技術政策大綱」を1992年6月に閣議決定するなどの動きを見せ、科学技術に対する社会的期待が大きく膨らみだしました。

時期を同じくして日本の経済成長は停滞を始め、後に「失われた30年」と称される期間に突入しました。1980年代には貿易不均衡の是正をめぐる日米間協議の槍玉に挙げられたエレクトロニクス関連等の製品分野でも、日本企業が韓国や台湾、中国などの企業にあっという間に逆転され、市場からの撤退を余儀なくされるケースが相次ぎました。一方で、米国の産業は、IT投資を中心に、高付加価値化に効果的に結びつく製品分野に集中的に投資したことも功を奏して国際競争力を回復させ、日本企業の技術力に対する国際的な関心は急速に減退してしまいました。

危機感を感じた政府は1995年に「科学技術基本法」を制定し、1996年度から2000年度までの「第1期科学技術基本計画」が策定されました。ちなみに、この第1期基本計画が計画期間中の目標とした科学技術関係経費の総額は17兆円でした。

1998年には「大学等技術移転促進法」の制定による承認TLO制度（大学における技術に関する研究成果を特許権等の譲渡等の方法により民間事業者へ効率的に移転する制度）が創設。1999年には「産業活力再生特別措置法」制定による日本版バイ・ドール条項（政府資金を供与して行う委託研究開発に係る特許権等について、一定の条件を受託者が約する場合に、受託者に帰属させることを可能とする制度）が整備され、大学等が保有する特許等の活用に向けた新しい技術移転システム構築が進められました。

2000年代から「新たな価値の創造」が求められる

2001年度には、新たに総額24兆円の科学技術関係経費を数値目標として「欧米の第一級の研究開発機関に比肩し得る、世界最高水準の研究拠点の構築」を掲げる「第2期基本計画（～2005年度）」がスタートしました。このときに注目されたのが「COE（Center of Excellence：センター・オブ・エクセレンス）」です。

COEとは、組織横断的な取り組みを進めるために、優秀な人材やノウハウを1つの拠点に集約して組織化することです。原点は、1950年代に米国のスタンフォード大学が取り組んだ大学改革で、当時、同大学は卒業生の東海岸流出を防ぐため、大学の敷地に拠点を設けて全米トップレベルの研究者を招聘し、テクノロジー系企業や研究所の誘致を推進して優秀な学生とその技術力を求める企業が集まる「エコシステム」を生み出しました。これが、後のシリコンバレーの発展に貢献したと言われています。

日本でもこのCOE型の研究拠点形成が振興され、「戦略的研究拠点育成（スーパーCOE）プログラム」（2001年度スタート）や「21世紀COEプログラム」（2002年度スタート）等に対しての予算措置が行われました。その後「グローバルCOEプログラム」に継承され、大学の国際競争力向上に向けて、1件当たり年額5000万円～5億円の補助金による金銭的支援が実施されました。

ところが、残念ながら第2期基本計画は、厳しい財政状況の折から科学技術関係経費の数値目標を達成できず、総額目標の24兆円に対して21兆円余りの実施にとどまってしまいました。

続く第3期基本計画（2006年度～2010年度）では、「科学の発展と絶えざるイノベーションの創出」が目標として掲げられ、ここで初めて「イノベーション」という言葉が導入されました。今、盛んに使われている「イノベーション」という言葉が日本の研究施策の表舞台に登場してから、まだ15年ほどしか経っていないということになります。ここでようやく日本の研究施策に「新たな価値の創造」という概念が入ってきたことになります。

第3期基本計画では、プロジェクトの「選択と集中」が行われ、候補の研究274件から最終的に累計140件まで絞られました。1件当たりの年間予算額は平均2・6億円となりました。また、ポスト「戦略的研究拠点育成（スーパーCOE）プログラム」としては、「先端融合領域イノベーション創出拠点形成プログラム」が2006年度に開始されますが、このプログラムは産業界とのマッチングファンドを義務づけ、採用後3年目の再審査で件数を3分の1程度に絞り込むことを特徴としていました。

世界トップレベル研究拠点プログラムWPI

「グローバルCOEプログラム」が開始された2007年度には、新たな拠点構築事業となる「世界トップレベル研究拠点プログラム」(World Premier International Research Center Initiative: WPI) が開始されています。

WPIは、システム改革等の自主的な取り組みを促す支援により、国際化された研究環境と世界トップレベルの研究水準を有する「目に見える国際頭脳循環拠点」の構築をめざして、支援期間を10年間として13拠点の構想を採択しています。この国際頭脳循環拠点とは「第一線の研究者が世界から集まってくるような」拠点を意味していますが、あくまでも優れた頭脳の国際的な獲得競争が激化した状況に対して、当時の危機意識が前面に打ち出されたものになっているとも言われています。

しかし、2009年から実施された行政刷新会議の事業棚卸し(いわゆる当時の政権による事業仕分け)の過程で、これらの拠点構築事業はいずれも予算を削減されてしまいました。これに対しては、全グローバルCOE拠点リーダーによる共同表明「行政刷新会議『事業仕分け』第3WGによるグローバルＣＯＥプログラム評価に対する声明」（2009年12月3日）などによる反対の意見表明がなされましたが、結果的に大幅な予算削減が実施されてしまいます。

２０１１年度からは第４期基本計画（～２０１５年度）が開始されましたが、東日本大震災という未曾有の危機と重なったこともあり、震災からの復興・再生と将来にわたる持続的な成長の実現という最重要課題を背負ったものとなってしまいました。

革新的イノベーション創出プログラムの登場

この第４期科学技術基本計画期間中の２０１３年度に新たに開始された事業が、「革新的イノベーション創出プログラム（COI STREAM：Center of Innovation Science and Technology based Radical Innovation and Entrepreneurship Program）」（以下、COI）です。

ＣＯＩは、10年後のめざすべき社会像を見据えたビジョン主導型の研究開発を最長9年にわたって支援するプログラムで、企業や大学が単独では実現できない革新的なイノベーションを産学連携によって連続的に創出するために「イノベーションプラットフォーム」の整備を目的に設定しています。

このプログラムは、特定の大学や研究機関を拠点化する点においてはＣＯＥプログラムの政策指向を受け継いでいますが、研究開発そのものの卓越性よりも、研究開発が将来ビジョンを実現させるイノベーションに結びつくことに重点を置いており、そのために拠点構築にとどまらず、産学連携プラットフォーム（イノベーションプラットフォーム）の整備を目標とした点で、COEとは一線を画する意義を持つものになりました。

COIの原点は、文部科学省科学技術・学術審議会産業連携・地域支援部会の産学官連携推進委員会において2012年12月に取りまとめられた「産学官連携によるイノベーション・エコシステムの推進について」という報告書です。

この報告の中には、「ラディカルなイノベーションを実現するためには、大学・研究開発法人等における世界トップレベルの研究開発のうち、ハイリスクではあるが企業にとっても異分野融合・連携型のテーマに対して、企業が研究フェーズに応じた負担・貢献を行うことを前提に、国が研究開発費、最先端の研究設備・インフラの活用、システム・体制整備、高度研究人材の集積を重層的・集中的に支援する、大規模な産学連携研究開発拠点（センター・オブ・イノベーション〈以下「COI」という〉）を構築する必要がある」と明記されました。

この報告を受けて、文部科学省は革新的なイノベーションを持続的に創出していくために研究課題を設定し、既存分野・組織の壁を取り払い、世界と戦える大規模産学連携研究開発拠点を構築するとともに、日本がめざすべき将来に向けたビジョンを持って強力なリーダーシップで事業を推進するビジョナリーリーダーにより、事業の具体的な進め方及び拠点の在り方等について検討するため、COI STREAMガバニング委員会（以下、ガバニング委員会：小宮山宏委員長）を2013年2月26日に設置しました。

この委員会の下、COIプログラムの制度設計の検討やビジョン案の決定、拠点活動のプログラムオフィサー的な役割を果たすビジョナリーリーダーやそのアドバイザーを含めて構成されたビジョナリーチームの設置、拠点横断的な課題への対応策の検討等を行う「COI STREAM構造化チーム」の設置等が行われました。その結果を踏まえて科学技術振興機構（JST）において、2013年6月にCOIプログラムの公募が行われました。

全国から約200件の応募があり、各ビジョナリーチームによる選考審査を経て、12拠点の本採択及び14のトライアル拠点の採択が行われました。その後、トライアル拠点については2015年度に昇格評価及び一部のトライアル拠点との融合が行われ、2016年度から18拠点で活動することになりました。この18拠点の1つに弘前大学が採択されたわけです。

COIプログラムの特徴

具体的にCOIプログラムをご紹介していきましょう。

COIプログラムは、「少子高齢化先進国としての持続性確保」「豊かな生活環境の構築」「活気ある持続可能な社会の構築」という3つのビジョンが設定されています。

そして従来の産学連携研究開発拠点事業にはないユニークな特徴があります。

各拠点は、10年後のめざすべき日本の社会像を見据えたビジョン主導型のチャレンジングかつハイリスクな研究開発をバックキャスティング（未来から逆算して目標や計画を立てる手法）型で取り組むことが求められています。そして研究開発の実施にあたっては、大学や企業等の関係者が一つ屋根の下（「アンダーワンルーフ」）で議論し、一体的に取り組むことが求められています。

その上で、①企業や大学だけでは実現できない革新的なイノベーションを産学連携で実現、②革新的なイノベーションを連続的に創出するイノベーションプラットフォームの整備を行う――の2つの達成目標を実現することが求められています。

各拠点は、マネジメント組織として「研究推進機構」を拠点の中核機関である大学等に設置し、この機構が拠点の司令塔の役割を担うこととされています。機構の活動全体を統括する機構長として、企業所属・出身のプロジェクトリーダーを置き、それを補佐して研究開発を統括する副機構長として、大学等の研究者である研究リーダーを設置することが求められています。

さらに、COIプログラムの推進体制においても、ユニークかつ重層的な推進体制の仕組みが設けられています。

具体的には、①プログラム開始当初からビジョナリーチームが中心となって拠点の活動の進捗管理・把握及び評価を行っていること、②総括ビジョナリーリーダー、総括ビジョナリー代理およびビジョナリーリーダー、アドバイザーがビジョン間の調整及び相互連携等のプログラムの円滑かつ効率的な実施に向けた取り組みを担っていること、③総括ビジョナリーリーダーのもと、構造化チームは横断的課題の抽出と推進方法の検討を行っていること、④文部科学省に設置された推進体制であるガバニング委員会は、拠点の採択前はCOIプログラムの制度設計の検討、ビジョン案の決定、拠点活動を支援するビジョナリーチームの決定、構造化チームの決定等を行い、拠点の採択後においては、取り組みの具体的な進め方や拠点の在り方等について検討を行っていることの4点です。

具体的なCOIプログラムの進捗管理

(1)ビジョナリーリーダーの活動

COIプログラムでは、企業のマネジメント経験者を中心としたビジョナリーリーダーとビジョナリーメンバー（2〜3人）から構成されるビジョナリーチームをビジョンごとに設置して各拠点の活動の進捗管理等を行ってきています。ビジョナリーリーダーの主な活動は、各ビジョンの全拠点に対して、サイトビジット（1回／年）、拠点面談（1回／年）、中間評価（1回／3年）を通じて、拠点の進捗状況や成果を把握して評価・支援することです。

サイトビジットは、ビジョナリーリーダーが拠点に赴いて、研究者のほか、主たる参画企業を含めた関係学長（経営執行部含む）等に対して実施されます。そこでは、拠点活動の把握の一環として、進捗のあった研究開発や成果物のデモ、研究機器設備施設の整備状況等の視察も実施し、今後の活動に向けた助言が行われます。

また、拠点面談では、ビジョナリーリーダーと拠点のメンバーとで、次年度の活動計画に関する議論が行われます。それぞれの会合後に、拠点内のテーマの再編・変更、体制の見直し等の計画変更に係る指摘事項を含んだ「ビジョナリーリーダーからの意見」が書面の形で拠点に伝えられ、今後の拠点の活動や予算配分にも反映されることになっています。

そしてサイトビジットや拠点面談と同様に、拠点の活動計画の見直し等を目的に、2018年度に中間評価が実施されました。この結果はビジョナリーリーダーからの意見書として拠点に伝えられるとともに、報告書として公表されています。そのほか、サイトビジット等の定型的な会合に加えて、拠点からの要請に応じて意見交換の場が年間50回以上設けられています。

企業の経験者等の産業界で実績のあるビジョナリーリーダーが、少人数の場において大学等の研究機関である拠点のメンバーと忌憚ない意見交換を行う等の精力的な活動を行ったことが、プログラムの推進側であるビジョナリーリーダーと拠点メンバーとの意思疎通や信頼関係の醸成に大きく貢献し、各拠点を活性化することに有効に働いたと評価されています。

(2)ガバニング委員会の活動

ガバニング委員会の主な業務内容は、「総括ビジョナリーリーダー、総括ビジョナリーリーダー代理、各ビジョナリーリーダー等に改善すべき事項等に関する必要な助言を行うこと」「COIプログラムからの実施状況の報告を受けた上で、重点的に取り組むべき事項の検討・改善、及び終了後を見据えた取り組みに関する提案や助言」「COIプログラム以外の事業等との連携に関する助言を行うこと」です。

ガバニング委員会は、小宮山宏氏を委員長に、そのほか企業のトップや大学の学長を構成員として、変動的に4~7人で構成されています。委員会は2021年10月までに17回開催されました。事業コンセプト等の議論に始まり、事業の具体的な進め方等に対する助言が行われ、拠点の横断的な課題である若手研究者支援や、拠点を超えた横連携の推進、拠点におけるウィズコロナ、ポストコロナ対応を推進してきました。

そのほか、個々の委員は、適時各拠点のサイトビジット等に出席して、各拠点の活動の最新の状況を踏まえて、適切な助言等も行ってきています。

(3)構造化チームの活動

構造化チームは、COIプログラムの各拠点に横断的に発生する課題の抽出と推進方法の検討を行うため、総括ビジョナリーリーダーの下に設定されています。

構造化チームにおける主な業績に、例えば弘前大学拠点を中心機関として設定し、データの連携体制の整備、解析の推進、運用ルールの検討等を実施したことがあります。これにより、弘前大学拠点に参画する5大学の連携標準化に向けた運用ルールの検討が進められました。

もう一つの活動は、若手人材の活躍促進支援活動を積極的に実施したことです。具体的には、構造化チームの中にある若手担当のチーム員が中心となって、「若手連携ファンド」の設立及び当該ファンドに採択された研究者の支援や若手研究者同士による異分野融合と人材交流の場である「COI学術交流会」の設置及び開催、未来を切り拓く若手人材による共創の場である「COI2021会議」の設置及び開催を行いました。

これによってCOI事業期間の途中から、各拠点のPIを担えるような研究者が輩出されてきたほかに、拠点を超えた研究者の交流を生み、異分野融合研究の推進に貢献するとともに、個々の研究者が属する学会を超えて、相互に共同研究を自発的に実施するような関係性の構築に貢献しました。

COIプログラムにおける5つのユニークな運営方法

ここまでCOIプログラムの特徴の概略を説明してきましたが、従来の産学連携研究開発拠点事業の運営方法とは異なる点は、次の5点にまとめられます。

1つ目は、企業経営の経験者を中心としたビジョナリーリーダーらの指導及び助言による推進体制が挙げられます。

これはCOIの目標の1つである成果の社会実装に向けて、拠点の活動を円滑にマネジメントすることに貢献したと考えられます。

2つ目は、企業出身・所属のプロジェクトリーダーとアカデミアの研究リーダーによる拠点のマネジメント体制が挙げられます。

これにより民間企業とアカデミアの間で、拠点活動の進捗にあたって活発な意見交換を生むことになり、アカデミアの常識に囚われない拠点運営が可能になりました。また、プロジェクトリーダーも従来の事業とは異なり、事業部出身の人間が多く参加したことで、研究成果の社会実装の実現や拠点構想の柔軟な見直しに貢献したと考えられます。

3つ目は、研究計画の柔軟な変更や見直しです。

通常の研究開発テーマ型の競争的資金事業であれば、申請時の当初計画に沿って着実に進捗しているかを審査されることが多く、これまでは計画を変更することを躊躇する拠点がほとんどでした。しかし、COIでは10年後のあるべき社会像を実現することが目的であることから、ビジョナリーリーダー等は、プロジェクトリーダー等の拠点メンバーの変更や新型コロナウイルス感染症の流行等をはじめとする社会状況の変化がある度ごとに、拠点内外の多くのステークホルダーとともに研究計画の変更の是非を議論し、必要に応じて柔軟に見直しをすることができました。これによって時勢に応じた適切な社会実装が可能になりました。

4つ目は、企業への国費の配分を行わず、企業等によるリソースを活用する方式を採用したことです。

これにより、あるべき社会像の実現に向けて、本気で取り組む企業だけが参画することになり、社会実装の確立を飛躍的に進めたものと考えられます。

最後の5つ目は、大学等の所属機関に、拠点活動を支える研究推進機構を設置したことです。

各拠点のプロジェクトリーダーは企業出身・所属者であることから、拠点運営にあたって研究者との調整に苦労するような事例もありました。しかし大学等の理事クラスや経営層が研究推進機構の長として位置づけられてプロジェクトリーダーの活動を後方支援することで、その活動がしやすくなったと考えられます。

以上のような5つのユニークな運営方針のもと、各拠点では2つの達成目標、すなわち「企業や大学だけでは実現できない革新的なイノベーションを産学連携で実現」し「革新的なイノベーションを連続的に創出するイノベーションプラットフォームの整備」に係る多くの成果を上げたと考えられます。

なお、この章の記述は文部科学省科学技術・学術政策局産業連携・地域振興課長（取材時）の井上睦子氏のインタビューを参考にまとめています。

インタビュー③

社会を変えるようなノベーションが生まれることを期待

文部科学省
科学技術・学術政策局
産業連携・地域振興課 課長
井上睦子氏

過去の産学連携は、研究者から見ると「このような研究をしています」「何かに使えませんか」というように、いわゆる「シーズプッシュ」の考え方でした。シーズとは研究の〝種〟ですが、「これは何かに使えるかな?」「これは産業に応用できるかな?」などの思考でした。

そこには「こういう社会をつくりたい」というビジョンを掲げて、それを達成するには何が足りないか、そこからどういう研究開発をすればよいのかという「バックキャスティング」の考えはありませんでした。

COIプログラムは、ひとりの研究者が「これは何に使えるかな?」と研究開発するのではなく、大きな社会像のもとに、これが足りないからこういう研究開発を進めようというのを、大学の研究者だけではなくて、企業と一緒になって話し合いながらやっていくのが新しいところです。

社会から見て何が必要かを企業と一緒に考えて、一緒に活動するというのが、端的に言うと新しいポイントになります。

大学にはいろいろな学問の領域があり、基本的に自由な発想で研究を続けて専門性を高め、また深めているわけです。

社会から見て必要なものやそれを実際に製品化し市場に持っていくために必要なチームでやる活動までは、一人の研究者が取り組まれている非常に細分化された学問の分野だけでは限界があります。組織として、知を集めた力を集結させて、新しい価値を創造するように持ってゆくためには、何か仕掛けが必要だと思います。それをCOIが変えていく駆動力になるというような位置づけだと思います。

「人が変わる、大学が変わる、社会が変わる」はCOIの創設時に掲げられたフレーズです。大学が変わるというのは、先ほど申し上げたように、世の中にこういう課題があるけど、そこから何を研究すればよいかとの発想になると、研究の仕方やそれを支えるファンディングも変わるし、社会も変わるということです。「企業は稼ぐところ」とか「大学は研究するところ」ときっちり分かれているような時代ではありませんね。

アメリカもそうですけど、古典的に大学は研究するところで、企業はモノやサービス、いわゆる産業を担うという分担でした。

新しいモノやサービスを大学と連携して企業がつくっていく場合には、大学が研究をして、それを技術移転して企業に事業化や製品化などを担当してもらいましょう、というのが基本で、技術を移転したら、例えば大学は特許の使用料という対価を得るというようなスキームです。

これに加え「自ら起業する」という、スタートアップの方法もどんどん盛んになっています。大学発のスタートアップを後押しするベンチャーキャピタルの数も質も高まっていますし、大学自身もファンドに出資しやすくなる仕組みをつくってきました。大学の伝統的な仕事ではなかったけれども、教育・研究の成果を活用した社会貢献という新しい使命を果たす一環としてスタートアップをつくり、例えばその会社の取締役を大学の研究者などが兼業するといったこともできるようになっています。

大学も徐々には変わってきていますが、大学の構成員全員が理解するのは難しいにしても、キャンパスの中で「あの先生は一体何をやっているのだろう?」から、「そう、そういう活動もあるよね!」といった具合の空気感になってくると大分変わっていくと思います。

政府は2022年11月末、「スタートアップ育成5カ年計画」を策定しました。日本にスタートアップを生み育てるエコシステムを創出し、第二の創業ブームを実現するために、官民挙げてスタートアップの育成を図ることが目的で、人材・ネットワークの構築、資金供給の強化と出口戦略の多様化、そしてオープンイノベーションの推進を掲げ、具体策が盛り込まれています。

この計画を踏まえて2022年度第2次補正予算において、グローバルに展開することを志向した大学発のディープテックスタートアップ創出を支援するギャップファンドプログラムの新設や、国内各地域の大学発スタートアップ創出を支援する体制の整備も含めた基金による事業（JST）を創設し、支援の拡大を図っています。

COI-NEXTの主なビジョンはSDGs（持続可能な開発目標）に変わっています。COI-NEXTではまさに国内にとどまらず、国外も含めてそういう大きな課題解決のために世界が掲げるビジョンのもとに、日本の技術をどう活かせるか、それに対してどのような新しいビジネスが創造できるか。ここに大学がコミットし、産業界とともに経済的な新しい価値を生み出し、それを好循環させてゆくところに貢献してほしいという思いがあります。また、大学の活動に用いられる財源、すなわち資金の出どころは多様化してきています。

例えば大学発のスタートアップのエグジットにより得たエクイティや技術移転から得られる資金、また、ご寄付といったものが、新しいイノベーションを生む人材や基礎研究を支える資金となって回ることが、イノベーション・エコシステムの重要な要素です。COI-NEXTも、研究成果を社会実装することをゴールにしており、このプログラムから、社会を変えるようなイノベーションが生まれることを心から期待しています。

（取材日：2023年6月15日／所属・役職は当時のもの）

インタビュー④

弘前大学COIの成功要因は地域密着とキーパーソンの存在

経済産業省
商務・サービスグループ
ヘルスケア産業課 統括補佐（取材当時）
藤岡雅美 氏

イノベーションと社会実装の両輪が大事です。社会実装の中には、経済的な観点を含めて、どのように地域の中でエコシステムとして継続させていくのかが大事だと思っています。COIプログラムというかたちで知を集積し、地域住民の方と一緒になって、地域単位で育てていくというのは素晴らしい仕組みだと思います。

その中でも弘前大学COIは、地域とのつながりが特に強いと感じます。弘前大学の場合は特に際立っています。最近、さまざまなヘルスケアサービスが出てきていますが、残念ながらそのコンセプトや医学的な正しさだけでは誰も使いません。そういう意味では、社会実装を強く意識している弘前大学COIには期待しています。

弘前大学COIでは産学連携が特に盛んです。これほどまでに企業が集まってきているところはないですね。フィールドとしての価値が相当高いのだと思います。もちろんヘルスケア分野ですので、アカデミックな研究を行い論文にしていくことは大切ですが、弘前大学

COIの産学連携は、それだけでなく、企業も含めてどう社会実装するのか、彼らのその事業に寄り添ったかたちに設計されているように感じます。

企業からすると、あれだけ大きいデータとつながって自社の製品や技術を実験させてくれるような場はなかなかないですよね。大学主体で、岩木健診のように法定健診と合同でやっていくような行政との連携も進んでます。そこに企業のサービスを入れ込んでいるのは理想的なかたちですし、ほかのデータも含めてクロスセクターで全部分析できることはすごい魅力だなと思います。

また弘前大学COIはキーパーソンにも恵まれています。弘前大学の中路重之さんと村下公一さんのように、プロジェクトにずっと関わられて、中心となっているリーダーがいます。ワンストップでさまざまな話も動くし、いろいろなアイディアも統合されます。エコシステムにおいてはコーディネート能力が大事だと思います。日本はそこが弱い。さまざまな〝パーツ〟は持っていても、それを完成品にする総合力みたいなものが弱いのです。

岩木健診では人をくまなく見ています。人としての生活を全部見ていくわけですから、より総合的に見ている感じです。それがヘルスケアの本質だと思っています。どこかの悪い部位だけを見るというアプローチでは、健康づくりは進んでいかないと思います。生活全体を見て、それこそ生活習慣でも食事、運動、睡眠などをその人の価値観、人生観に合わせてコーディネートするようなことが必要だと思います。そういった総合的な取り組みが実際に稼働している姿を見ているとわくわくします。

弘前大学COIの特徴の1つは健康ビッグデータですが、これはまさに「Society5.0」です。データがしっかりつながって、すべてのオートメーション化、自律的なかたちでさまざまなサービスが最適化されていきます。ある種、より高次元にデータと専門家、そしてリアルがつながっていくような「Society5.0」の姿をつくっていってほしいと思います。

また健康ビッグデータから、リアルタイムで人の生活が見えると面白いですね。過去を振り返って「あなたの生活のここが悪かったですね」とか「もっとこうしておけばよかったですね」というのはもちろん大事ですが、むしろ、「今、この瞬間、私はどうしたらいいですか？」のほうが大事だと思います。岩木健診のデータがもととなり、地元の飲食店とか食品スーパーに行ったときに、「あなたの体調はこうですし、最近の歩数や食事はこうですから、まずは野菜を、中でもトマトを食べましょう」など、弘前大学COIにはそういう世界観を見せてもらえる可能性もあるのかなと思います。

データは使わないと意味がありません。使って初めて価値が出てきます。どうデータを使っていくのか。データがリアルのサービスにつながればつながるほど価値が出てくると思います。岩木健診のデータは、そういうアイディアの宝庫という気がします。弘前大学COIに参画している企業は製品・サービスの上市を狙っており、それが具体化することがCOI-NEXTに期待するところです。

ヘルスケア産業は数少ない成長産業です。人口減少社会においても、65歳以上人口は2043年まで増え続け、介護領域においては、購買層は増え続け、需要は伸びる方向です。

一方で、現役世代も含めた健康づくりについては、素晴らしい日本の医療システムの負の側面かもしれませんが、病気になったら常に7割引き診療が受けられるので、個人の消費行動が生まれない現実があります。

だから健康という土俵だけで考えるのではなく、健康という価値をいかに多角化できるかが大事になります。医療と日常の一体化が大事と思います。正直、病気を予防する価値とか、健康を維持する価値とかは、特に若い世代においては人生においてそれが最上位の行動原理にはなりません。もちろん健康な状態ではなくなったときに初めて「健康は大事だ」と思うのでしょうが、おそらく人間のニーズや欲望は健康とは別のところにあり、そこに対して健康がどう貢献できるかを考えないといけないかもしれません。

健康のためにお金を使ってもらうのではなく、日々の生活の中で、よりよい何かの自己実現をするために健康というツールがあるというようなイメージです。

例えば資生堂さんは今までの健診の概念を変えた気がします。健診は面倒だけど年に1度はしょうがないから行くという人が少なくありませんが、資生堂さんの提案は健診に行くと綺麗に化粧もしてくれるし、ぜひ行きたいとなる。健診のイメージが一気に変わる可能性があります。資生堂さんはインナービューティと表現していますが、「肌」を美しくしたいという欲望とヘルスケアがうまくつながっているのだと思います。このような産学連携、異分野参入ということが進んでいかないとヘルスケアの未来はないと思います。
民間の力、イノベーションをどう社会インフラとして機能させていくのかが弘前大学COIにとっても大事ですし、まさに経済産業省の仕事だと思います。

（取材日：2023年6月22日／所属・役職は当時のもの）

インタビュー⑤

COIプログラムで「日本の再生」をめざす

COI STREAM ガバニング委員会委員長
三菱総合研究所理事長
プラチナ構想ネットワーク会長
東京大学28代総長

小宮山 宏 氏

私はCOIプログラムが始まる時点でとても大きな野望を持っていました。それは「日本の再生」です。失われた30年などと言われていますが、1980年代後半にバブル経済が崩壊してから、大きな地球全体の動き、人類の動きは確実に変わってきているのに、日本ではそれが全く理解されていないということをとても心配していました。
そのような中で、日本を再生させるには、大学が非常に重要だと思っていました。全体的

に大学の価値を底上げして、大学関係者のすべてが、もう一度国の行く末を真剣に考え直さなければならないということを確信していました。ですからCOIプログラムのスタートにあたって「人が変わる、大学が変わる、社会が変わる」というフレーズを打ち出しました。COIプログラムでは論文を書くことは一切評価せず、あくまでも社会実装を評価するということを明確にしました。

社会と関係のない研究などはほとんどありません。人類のため、社会のために学問があるのですから、社会との関係を持ちつつ研究を行うことが必要です。COIプログラムの公募の時点でも、これまでの慣習を破って、最初は門戸を大きく広げて、そこからよいところを選んで集約していこうと思いました。最初は28のプログラムを選び、そこから3年の準備期間を経て再評価をし、最終的に18のプロジェクトに絞りました。この時にS評価を受けた4つのプロジェクトのうちの1つが弘前大学だったというわけです。

これからの時代は、健康な人が病気にならないようにすることが重要です。健康寿命と本当の寿命を近づけること。言葉はよくないかもしれませんが、「ピンピンコロリ」が社会全体としては不可欠です。超高齢化社会の到来で増える、医療費、年金、介護等の負担を社会全体で減らしていくことは喫緊の重要な課題です。

弘前大学には、すでに公募の段階で2005年から7~8年にわたってコツコツと取得してきた健康な人のデータが、しかも1人当たり数千項目も蓄積されていました。非常に面白いと思いました。

もう一つ、ＣＯＩの大きな特徴は、弘前大学のような地方大学や、それまで国などから集中的な投資を受けたことがないところに、あえて研究資金を投入したということです。これまでの日本の研究プログラムの中で、このようなことを行ったのはおそらく初めてではないでしょうか。

日本の多くの研究プログラムは、何年か経ったら自立するということで始まるのですが、実際にはほとんどが自立しません。しかし、ＣＯＩプログラムでは、日本に自立して動いていくエコシステムをつくることを必達の目標と考えていました。それを、目に見えるかたちで達成したプロジェクトの１つが弘前大学ＣＯＩだと思います。

Ｓ評価から少し時間が経ちましたが、弘前大学には共同研究講座が多数あります。東京大学をはじめとする研究費が潤沢な大学には結構ありますが、地方大学にはほとんどありません。純粋に研究に対する魅力で、企業が共同研究講座を地方大学に設けることは極めて稀です。

また、弘前大学ＣＯＩのデータを使って３年後糖尿病になるかどうかを、極めて高い確率で予測できるようになりました。うまく介入すれば糖尿病にならなくて済むわけです。しかも、今取得している２０００〜３０００項目ではなく、28項目だけ取ればわかるところまできていますので、これなら普通の健診でも判断できます。糖尿病で透析になると１人で年間

500万円ぐらい、国全体で確か2兆円ぐらいかかっていますが、それを健診で予防できれば、当然、健康保険の支払いが減ります。その金額は計算できますので、その分を糖尿病を減らした自治体に還元するというようなことも可能になります。

最近、ソーシャルインベストメント（社会的責任投資：SRI）という言葉がトレンドですが、社会的にネガティブ分がゼロになったということは、そのネガティブ分だけ新しい経済効果があったと同じことです。

STSフォーラム（Science and Technology in Society forum）というとても大きな国際会議があります。アメリカとヨーロッパで準備会議があったのですが、ヨーロッパでは議論の半分以上、アメリカでは7割がChatGPTでした。そこで、彼らが口々に言っていたのは「速度（Velocity）」です。昔の時代のスピードなら、何が問題なのかが見えますので対応ができましたが、「ChatGPTの進化のスピード（Velocity）には対応する暇がない」ということでした。今の世の中は、それくらいのスピード感で動いています。

COIプログラムでも、すべてにおいてもっとスピードを上げる必要があります。その上で、例えば弘前大学COIでは「あなたはこういうことをすれば病気にならないで済みます」というパーソナライズされたアドバイスができるようになって、しかもそれが科学的根拠を持っていれば、生活者がお金を払って経済がプラスに動きます。これは巨大な健康産業になると考えています。

大学は本来、地域とともにあるものです。地域の人々を教育する、その地域の人が資金を出す、地域で評価を得た人が大学に来て先生になる……といったように大学は地域社会と一体化すべきものなのです。

もともとそうだし、今でも世界にはそういう大学がたくさんあります。アメリカの州立大学は、農業を合理的に行うことが目的でつくられています。ヨーロッパもまさにそうです。日本は、現在の大学システムを明治時代に急に輸入したので、世界と比べると少し異質なものになってしまったという歴史があるかもしれません。

例えば、アメリカのポートランドに「ポートランド州立大学（Portland State University）」という大学があります。ここは明確に「ポートランドの発展に寄与することを目的とする」とされています。

▼COIプログラムでの成功例

弘前大学COIのほかにもいくつかの成功事例があります。例えば、北海道大学が岩見沢市と連携して、体重が少なく生まれてくる赤ちゃん「低出生体重児」を減らすための試みを行っています。この延長線で、岩見沢市に北海道大学のエクステンション（公開講座）をつくりました。COIではこのような動きも出てきていますし、非常に期待しています。

私は「超大学」と呼んでいますが、国立大学もすでに法人化していますので、どんどん積極的にチャレンジするべきだと思っています。社会をよくする、そして、地域をよくするために、中心になるべきです。

種子島でも、東京大学の菊池康紀先生（東京大学未来ビジョン研究センター准教授）が行って、農業AIやバイオマスエネルギーなどいろいろな新しい知識を持っていって、地域の活性化だけでなく、高校生の教育なども行って非常に高く評価されています。種子島には大学がないので、高校生は卒業すると、島を出ていってしまいます。以前、大学を卒業したあと島に帰ってきますかと聞くと「帰る」と答えた人はゼロだったそうです。それが今ではなんと40％を超えました。小さなことかもしれませんが、非常に重要なことだと感じています。

今の日本は東京一極集中です。しかし、もう少しみんなが愛郷心を持って、「地方にもいくらでもチャンスはある」、そして、「もっとバランスのよい日本をつくっていく」ということを、具体的なアイディアと実践力を持って引っ張っていける、場合によってはそのための制度も変える、そういった必要があるわけです。その中核になるのは大学しかありません。

▼これからの大学は「メダカの学校」型

年長者が年少者に知恵を伝達していくのが20世紀型のいわゆる〝スズメの学校〟型の教育・研究です。しかし、21世紀は変化が激しく、しかも流れが格段に速い。ですから、昔の知識を伝達するだけでは無理です。年長者も勉強しながら前に進まないといけません。つまり、〝メダカの学校〟の「だれがせいとかせんせいか」という場を つくって、皆で共に学び合っていかなければならないと思います。

人間の学び方も育ち方も、ガラリと変わらなければなりません。みんなが一緒に成長していくこと、そしてダイバーシティ、インクルージョンという概念が非常に重要です。しかも、スピードは上げなければなりません。

これからの日本で重要なことは「健康寿命と生命寿命を一致させること」そして「それぞれに応じて働くこと」が大事です。「ChatGPT」をはじめとした生成AIが普及してくると仕事が失われると言われていますし、実際に失われると思います。

一方で、日本は労働力が不足します。年長者も勉強さえすればDXに対応した仕事もできます。仕事自体もDXに対応して変わっていかなければなりません。そういった意味でもリカレント教育ももっとしっかりとしたものにしなければなりませんし、DXをうまく融合させて、若者とうまく調和できれば、これからの高齢社会は案外うまく回ると思っています。

歩く速度が年齢と非常によく相関するということがわかっています。これで測ると今は一昔前より15歳ぐらい若い。だから今の75歳は昔の60歳ぐらいというわけです。ということは、70歳でも80歳でも元気に「働く」という選択肢が、現実のものになっているのではないでしょうか。


（取材日：2023年6月1日／所属・役職は当時のもの）

インタビュー⑥

「社会寿命」の延伸が介護費を減らす

COI STREAM
COI構造化チーム委員
総括ビジョナリーリーダー代理
名古屋大学医学部附属病院先端医療開発部
先端医療・臨床研究支援センター教授
水野正明氏

COIが始まるときに、計画書の通りの答えが出てくるような拠点は採択しないという方針は、はっきりしていました。COIは当初から9年を前提にしておりましたので、その間、社会もどんどん変わるため、9年間、最初の計画通りに進むことのほうがおかしいと考えていました。計画にはなくても、途中で社会に役立つ可能性が出てくれば、一気に切り替えて予算組みも変えてもいいということにしました。

弘前大学の「岩木健康増進プロジェクト・健診」からの応募があったときに、ガバニング委員会の小宮山宏委員長から「申請書を医師の目線から見てほしい」と依頼されたことが、弘前大学との最初のご縁になりました。一目で、このデータを使える、すごいことになるかもと感じました。

研究を行って、開発して、初めて社会実装できるわけですから、そもそも開発に耐えられるデータでなければ話になりません。何事も、社会実装するためには信頼性が非常に大事です。弘前大学COIでは、自らのデータを信頼できるデータにクレンジングし、必要なデータを取得するときには、研究データとしてではなく、開発に使えるデータとしてピックアップできる体制を組み込みました。これが最も大きな成果だと思います。結果的に、現在、多くの企業からオファーがきています。「あそこに行けば使えるデータがある」、しかも「信頼できる」という話になって、そこから広がりを見せ、最終的に今のかたちにつながったと思います。

一方で、弘前大学の成果はあくまでも一自治体での成功事例です。これを普遍化して、全国どこの自治体でも使えるようなかたちに拡大していく。場合によってはその仕組みを、健康医療分野における社会的課題を解決するためのツールとして、日本のみならず世界に向かって発信していければと思っています。

大学は、生まれ変わらなければならない。弘前大学はこのCOIプロジェクトで名をあげましたが、今でも地方大学の1つですので規模が小さい。ですから、資金的にもマンパワー的にも、すべてを自前ではやりきれません。

しかし、考え方を変え、一芸に秀でたものを錦の御旗として掲げ、そこにみんなが集まる仕組みをつくれば連携が可能となり、一気にスケールアップします。大学は行政や企業、医師会、そして住民の皆さんと連携することがとても重要で、そういった多職種連携チームががっちりできると、さらにいろいろな意見が出てきて、そこからまた新たなものが生まれてきます。いわゆる、私たちが一番期待している「新しいバリュー」を持続的に生み出すという話になります。これを弘前大学COIは証明したと思います。

もう一つは、やはり大学は時代に乗らなければならない。そのために大学は、日本が今、めざそうとしている方向を考える必要があります。そのひとつがデータ駆動型の社会「Society 5.0」です。「科学技術・イノベーション基本計画」でもトップのひとつに挙げられている概念です。さらに、日本の経済を復活させるために、時代に合った「健康医療産業」をどのように発展させていくかも真剣に考えていかなければなりません。

また、アクティビティを持って行動できる若い人材を育てることも重要です。特に企業の若い方には産学連携共同講座のようなところに来ていただき、企業の視線からアカデミアの世界を見てもらい、アカデミアの世界に興味を持った人はそのままアカデミアに移ればいいし、アカデミアの視点とノウハウを持ってもう一度企業に戻るといったような人材交流が生まれ活性化してくると、企業にとっても、大学にとっても、そして社会にとっても良い環境が生まれてくると思っています。

▼データ活用と「情報薬」アプリの登場

今回、弘前大学COIの解析で、過去のデータから、例えば「こういうリスクを持った人は3年後に糖尿病になります」といったことが、AI解析でわかるようになりました（後向き研究)。しかし、AIはインプットとアウトプットは出しますが、間のプロセスはブラックボックスです。今回、これをホワイトボックス化することに成功し、その成果を論文として『ネイチャーコミュニケーションズ』に発表できたことは素晴らしいことと思います。

今後は、この成果を受け、介入を伴うプロスペクティブスタディー(前向き研究)を実施。3年、5年追ってみて、予想通り病気になるのかならないのか、介入を加えたら改善するのかしないのか、さらに、それが医療費等の削減につながるのか。これらが証明されれば、大手を振って「この仕組みに従っていただければその町の人たちは救えますよ」と言えるはずです。

医薬品や医療機器であれば、効果が担保できます。そこで今、医薬品や医療機器と同じように効果が担保できるアプリを考えています。私たち医師が、薬を処方箋で処方するのと同じように、アプリを処方し、患者さんはそのアプリに従って行動することで疾病の改善を期待します。

この取り組みがこれまでといちばん違うのは、これまでの医療では原則診療を病院の中で行っていたわけですが、それが、患者自らがそのアプリに基づいて生活し、そのデータを私たちが診ることにより診療を生活の中で行えることになるといった点です。私たちはこれを「情報薬」による診療と言っています。生活習慣病の多くが、この「情報薬」による診療で治るのではと思っていますので、それを可能にする、いわゆるプログラム医療機器を弘前のデータに基づいてつくり上げていただければと期待しています。

世界ではすでに「情報薬」アプリによる診療が生まれ始めていますが、日本ではまだまだです。しかしながら、プログラム医療機器に相当する〝ソース〟は、今後、弘前大学COIにあるデータからもどんどん生まれてくると思いますので、医薬品医療機器総合機構（PMDA）や厚生労働省にも積極的に働きかけていくことが重要と考えています。

このように事業として新しい健康医療産業を生み出す一因に弘前大学COIが大きく貢献したということがはっきり言えることになれば、きっと過去を振り返った未来人から賞賛されることでしょう。さらに、その取り組みはほかの地方大学の生き残りをかけたストーリーにも役立つことでしょう。世界からは、まさに「日本に弘前大学あり」ということにもなると思います。

私の地元では、名古屋大学と岐阜大学が一緒になった東海国立大学機構ができています。ここでは東海地区を中心に、私が拠点長を務める「健康医療ライフデザイン統合研究教育拠点」事業が進められており、２０４０年までに「皆がwell-beingになる健康医療社会」の創成をめざしていますが、この取り組みにも弘前大学ＣＯＩに参加いただいています。

▼「社会寿命」が伸びる事業のモデル化

健康寿命の延伸を妨げる要因ですが、愛知県においては54自治体のうち、36の自治体で第

1位が「骨折」となっています。次いで「脳卒中」、「糖尿病」、「腎疾患」、「高血圧」などが続いています。

現在、私どもは、介護予防においては「フレイル」に、重度化予防においては「介護フレイル」にそれぞれ注目していますが、その最大の課題が骨折対策となっています。

骨折に限らず、介護者を持った家族の損失は大変大きく、骨折ひとつでも日本全国で年間8300億円の損失、介護認定を1ランク下げるだけで、2000億円くらいの資金が浮くと言われています。

私たちは今、健康寿命の延伸だけではなく「社会寿命」の延伸にも注目しています。そのためにそれぞれの自治体が持つ医療、介護等のビッグデータからAIも活用し住民のリスクを抽出、それらを回避する介入方法を提案し、健康寿命と社会寿命の両者をそれぞれ延伸しようとしています。こういった取り組みを新しい健康医療産業として樹立できるようモデル化も進めています。

ここでは、上記モデルを住民数5万人前後の自治体において骨折を対象に実施した場合、年間数千万から数億円の医療・介護費の削減につながるといった実績が生まれてきています。

今後はそれぞれの人のライフスタイルに合わせたさまざまな取り組みが、健康医療サービス提供者とサービス受療者双方の協働のもとで生まれ、実践していくことが当たり前になれば、我が国が迎えている超高齢社会においても活力ある明るい未来が待っていると言えるでしょう。

（取材日：2023年6月20日／所属・役職は当時のもの）

インタビュー⑦

コストをバリューに変える

内閣府
科学技術・イノベーション推進事務局
事務局長
松尾泰樹氏

COIプログラムには明確な意義があります。1990年代から日本でも科学技術に力を入れて、大学発ベンチャーも生まれたり、科学技術を社会に実装するために産学連携でいろいろと模索したりしてきました。しかし、〝シーズ〟があっても企業と共同研究を行うだけで、真の社会実装ができてないのではないかという疑問がありました。

科学技術を産学連携して社会実装するのであれば、一つの屋根の下に大学と産業界、さらに金融や自治体のすべてが入るような枠組みを、最初からつくっていかないとできないのではないかという想いでCOIを始めました。さらに、地域それぞれに社会課題がありますので、「バックキャスティング」という概念も取り入れました。5年後、10年後の理想型の社会を思い描いて、その社会を実現するためには、今の大学の持っている〝シーズ〟で「こういうことができる」という道筋を立てていくということです。

弘前大学COIの場合は、青森県の短命県返上という明確な目標があります。それに向かって岩木健診のデータをどう使って、何ができるかという部分が重要でした。しかし、当初の目的を果たしたばかりか、それをさらに発展させて「スマートシティ」のような、健康データを活用して、食やスポーツなどにつながって、かつデジタル化をしていて、いろいろな生活に活かしていくという「デジタル田園都市」の先行的な例になっています。健康というキーワードで、デジタル田園都市やスマートシティの可能性を見せた事例だと、個人的には思います。

弘前大学の中路重之教授が20年近く蓄積してきた岩木健診のデータが大きなコアです。それに協力していただいている市民の方々の応援をいただき、まちぐるみで健診を行ったこと、それを自治体と組んだこと、そこに村下公一教授のような汗をかく人がいたということも大きいですね。いい〝シーズ〟があって、よい土壌があったとしても、つなぐ人がいないといけません。

もう一つ、東京で考える地方創生と、地方で考える地方創生は異なります。地方では国が旗を立てることによって信用度が増して産業が入ってきます。どれ一つが欠けてもうまくいかないかもしれません。弘前大学にはそれが揃ったということだと思います。

スタート時は参加する企業も少なく、所帯の小さい弘前大学で、さまざまな困難を乗り越えてここまでよくやってきたと思います。

弘前大学COIはプログラムの中で初めて「日本イノベーション大賞」を受賞しました。当時はちょうどCSTI（総合科学技術・イノベーション会議）で、内閣府として日本がめざすべき未来社会の姿「Society5.0」（2016年閣議決定）を提唱した時期なのですが、地方で頑張っている大学にプレゼンテーションの機会をつくって、その中で弘前大学の活動も紹介させていただきました。これは総理大臣も出席される会議です。

そのすぐ後に「日本イノベーション大賞」も受賞し、ここから一気に〝ブースト〟していったと記憶しています。CSTIで紹介したことがきっかけというよりも、弘前大学COIの成果がだんだん上がってきていたので、CSTIで紹介したということです。今では企業がたくさん参加して共同研究講座が多く誕生していますが、これは地方大学では非常に珍しいことです。

岸田政権でもデジタル田園都市構想の名のもとに、一つの共通のデジタル基盤にいろいろなデータを載せて、どこに行っても同じデータが使えて、さらに、地域自治体で付加価値をつけて生活の質を上げるということを推進してきました。これによって生活の質の向上につなげられ、生活の利便性も上がります。

例えば私に何か不具合なことがあったら、それが瞬時に家族に伝わる、病院も登録されていて過去の病歴や検査値なども瞬時にわかる、あるいはそれがリモートでできるといったような、よりスマートな社会になると思います。弘前大学ＣＯＩでは、ぜひ生活の質が上がるような、次の社会のモデルになってくれる研究を進めていただいて、社会実装していただければと思います。

データはその地域だけの活用で終わってしまうと、広がりません。連携してマスにしないと信頼性を持たなくなります。弘前大学ＣＯＩは質の良いデータを中核にして、いろいろなところと連携して、そのデータの標準化を進めたわけです。

日本の人口が減ることは確実です。老若男女、それから障害のある方も含めて、社会の中で活躍してもらうのが理想だと思います。

特に、年を取られても社会につながってもらうことが重要です。今の日本の予算の5割～6割は医療費や社会保障費、つまりコストです。寿命が質の高い「健康寿命」として延伸して、社会活動に貢献していただければ、これまでコストだったものがバリューに変わっていきます。年を取ればどうしても病気にかかりやすくなります。しかし、たとえ病気になっても、その中でもある程度社会活動ができるようなインフラや制度を整えて、選択肢を増やしていくということが大事だと思います。これからの時代は、こういった仕組みをつくっていくのが国の役割で、それをつないでいくのが民間や地域だと思います。

そのためにも、弘前大学ＣＯＩで行われている研究やその社会実装は非常に重要になってきます。

（取材日：2023年5月25日／所属・役職は当時のもの）

弘前大学COI——真の社会イノベーションを実現する「健やか力」創造拠点

弘前大学は、2013年にCOIプログラムの採択を受け、「真の社会イノベーションを実現する『健やか力』創造拠点」の構築を推進してきました。

岩木地区の住民健診から得られた血液をはじめとしたバイタルデータ、腸内細菌、内臓脂肪、唾液等の検査を含む2000~3000項目にわたる「超多項目健康ビッグデータ」を活用し、認知症・生活習慣病などの早期発見の実現と革新的な疾患の予兆法・予防法の開発、新たな予防医療の可能性を切り拓く研究開発、そしてその事業化に取り組んでいます。

事業の中核である健康ビッグデータの構築は、弘前市との共同事業である「岩木健康増進プロジェクト」と連動しており、統計学の専門家などが参加する多様なチームによって解析され、また、疾患の予防法は弘前大学医学研究科の研究者、医療関係者のほか、企業の研究者によっても開発され、新規事業展開などに活用されています。

弘前大学COIの成果は、第2回中間評価（2016年度〜2018年度）において、最高評価である「S+」の評定を受けました。また2018年度には内閣府の第1回「日本オープンイノベーション大賞」内閣総理大臣賞、2019年度にはプラチナ構想ネットワーク（会長：小宮山宏氏）が主催する「プラチナ大賞」総務大臣賞、そして2020年には「イノベーションネットワークアワード」文部科学大臣賞を受賞しています。

ここからは弘前大学COIのガバナンス体制を説明します。

2013年、弘前大学では事業構想がCOIプログラムに採択されたことを受けて、COI研究推進機構が発足しています。

この機構の管理運営組織は、全体と研究の統括に当たる拠点長に同大学大学院医学研究科の中路重之特任教授（当時医学研究科長、2020年度より学長特別補佐）が就任し、事業統括には弘前市に本拠を置くマルマンコンピュータサービス常務取締役の工藤寿彦氏、副拠点長・戦略統括に弘前大学の村下公一教授、副拠点長・社会実装統括に花王エグゼクティブ・フェローの安川拓次氏が就任するかたちで編成されました。

拠点長の中路氏は長崎県諫早市の出身ですが、弘前大学を卒業した後、弘前大学で研究者としてのキャリアを積み、2004年9月に弘前大学医学部教授に就任しています。中路氏の人脈は、COI拠点事業に医学関係の専門家や医療機関の協力を得ただけでなく、それを実現するための地域的なムーブメントを形成する上で不可欠な基盤となりました。

一方で、COIプロジェクトの最も重要な核となる「革新的なイノベーション」を実現するためには、産学官連携、特に産業との連携は必要不可欠なものでした。そのため、当時から各界への幅広いネットワークと深い知見を持っていた村下公一氏に、計画策定の段階からプロジェクトの中心を担ってもらうこととしました。村下氏は教授として招聘され、プロジェクトでは副拠点長・戦略統括に就任しています。

中路氏は「村下さんによって多くのさまざまな人脈を構築することが初めて可能になりました。一般的な医学部の教員にはまずできないことです」と話しています。また、村下氏のネットワーク形成への取り組みに対して、中路氏は「大学の先生然としていたらダメですと言われました。村下さんに紹介された人と、特に学問的な部分での意見の食い違いを埋められない場合も少なからずありましたが、そこはプロジェクトの進行の中でかなり修正していきました」と明かしています。拠点長と副拠点長・戦略統括の連携によって、弘前大学COIは産学官民の約60機関が参加する大規模プロジェクトに成長しました。

弘前大学COI研究推進機構の中には、ステアリングコミッティに当たる「COI機構運営会議」が設置されています。運営会議は毎月1回開催され、参加機関から1カ月間の進捗状況が報告されるとともに、決められたテーマに関する議論が行われています。

この会議には、ほぼすべての参加企業の関係者が出席しており、100人近い出席者の間で情報や問題意識を共有する場となっています。また、COI研究推進機構内には、村下氏が統括する「戦略企画（支援）室」が設置されており、ここに知財支援やシーズ・ニーズ探索、産学連携、広報・企画、ビッグデータ解析支援などを担当するURA（University Research Administrator）が配置されています。

COI研究推進機構の下には研究開発や成果の社会実装を担う「次世代健康科学イノベーションセンター（現大学院医学研究科附属健康未来イノベーションセンター）」が設置されています。このセンターは、社会実装推進グループ、BD解析タスクチーム、予防法研究グループといった課題別の組織から構成されており、各グループは企業や他大学の研究者も参加する横断的な組織になっています。また、サテライト拠点の研究プロジェクトも、このセンターの中に位置づけられています。

安川氏が統括する社会実装推進グループは、運営会議の終了後に参画企業が集まるワーキンググループを開催しています。ここは若手研究者にとって、企業関係者との接点を持つことができ、自らの研究の出口戦略を考え始める機会になっています。

弘前大学COIには、24件の共同研究講座が開設されています（2024年時点）。これは企業等から資金提供を受けて大学内に設置する研究組織でもあり、企業の研究者と弘前大学の研究者が共同研究を行うための制度として運用されています。

COI拠点としての事業には、競合する同業種の企業も参加しています。関係者の間では競合関係を意識することはあるものの、拠点事業でのコミュニケーションや社会実装の取り組みを妨げることはないという認識が共有されています。また、プロジェクトが「協働の場」を形成しており、そこから違う企業の社員同士が一緒に飲食できるような関係性がつくり出されたと言います。「個々の企業だけでは成り立たないことを一緒にやっているうちに意識が変わってきた」といった声があり、協働のプロセスを通じて協力関係が形成されてきています。

COI拠点事業の活動と成果

弘前大学COIの最大の成果が、産学官民プラットフォームの構築であり、それを可能にした健康ビッグデータであることは、政策担当者を含む同拠点事業の関係者の共通認識です。このCOIプログラムの文脈で使われてきた「プラットフォーム」という用語は、第5期科学技術基本計画（2016年度〜2020年度）以降、イノベーション・エコシステムと呼び換えられています。つまり、弘前大学COIは、基本計画の指向するイノベーション・エコシステム構築の成功事例であることが自他ともに認められてきた取り組みであるとも言えます。

なぜ弘前大学COIの健康ビッグデータは、イノベーション・エコシステム誕生の基盤となり得たのでしょうか。この健康ビッグデータは健康増進プロジェクトの一環として実施されてきた大規模住民合同健診・岩木健診において収集されるデータを蓄積したものです。

医療データベースとしての大規模医療データの蓄積と分析はいくつかの大学・医療機関で実施されているプロジェクトでの例がありますが、「岩木健康増進プロジェクト」のデータがほかと大きく異なるのは、何といってもデータ項目の多様性です。網羅的ともいえるその多彩な項目に、結果的に研究者や多種多様な企業が集まってきて、そこにまた新しい分野の研究・開発が自然発生し、さらに研究が多様化して発展していきます。

岩木地区の健康ビッグデータのように多種多様な内容を包含したものは世界に存在せず、IoT、AI、スーパーコンピュータ、データ解析手法などの発展により、到来しつつあるビッグデータ時代に合致した全く新しい研究スタイルを提供しているといえます。

実際、この健康ビッグデータの多項目性は企業が活用する大きなインセンティブとなっており、弘前大学COIでの共同研究に参加した企業が、その成果を新しいサービスや新製品に結びつけた事例も出ており、その効果が実証されています。

例えば花王が健康データの解析に基づいて提案・監修した「スマート和食弁当」は、弘前市に本社を置き給食事業を展開している株式会社栄研によって事業化されました。青森銀行など県内3社の従業員約100人を対象に、2015年から2016年にかけて3カ月間実施された「ヘルシー弁当プログラム」の結果、参加者の内臓脂肪の低下や血圧の改善に効果があることが実証されました。また、マルマンコンピュータサービスは、企業の従業員の健康づくりを支援するアプリケーション「健康物語」を弘前大学と共同開発し、2017年にクラウドサービスとして公開した後、青森県庁職員を対象とした実証実験を実施しています。

ここには、弘前大学COIがキーストーンとなり、多様なニッチ種を生み出す地域的なコミュニティが形成されている状況が明らかに見て取れます。

COIの社会的な波及効果

こうしたCOI拠点事業の展開は、さまざまな社会的波及効果をもたらしています。中路氏は、短命県返上にはトップのコミットメントが必要だとの考えから、青森県の40市町村の全首長に健康宣言を発出してもらうことも実現しました。

青森県としてCOI拠点事業の支援を担当してきた商工労働部新産業創造課課長の渡辺栄太朗氏は、県内経済産業振興の観点からも、COI拠点事業は弘前大学のような国立大学法人とさまざまな接点をつくる契機となり、COI拠点事業以外の局面でも連携が活発になったと指摘しています。

また、COI事業が県にもたらした波及効果として、首都圏の大企業が関心を持つようになり、大企業と県内中小企業との連携がつくり出されるようになった点や、県内企業も短命県返上をビジネスチャンスにするという課題を自分ごととして意識するようになった点を挙げています。こうした効果が持続することに県の期待は大きく、毎年、青森県が予算を付けてマッチング事業を推進しています。

2019年度にはJICA（国際協力機構）を通じて、開発成果である「QOL健診」を国際的に展開することにチャレンジしています。ベトナムでは「草の根技術協力事業」に採択され、ベトナムの疾病管理センターの医師や職員を日本へ招聘し、ベトナムで啓発型健診を実施する人材の育成に取り組んでいます。

弘前大学COIは、変革型リーダーの特性を有する中路氏と村下氏の強力なリーダーシップのもと、超多項目健康ビッグデータを資源とし、これを短命県返上というビジョンの実現に向けて活用する産学官民プラットフォームを構築してきました。そして、そこに参集するアクター間のダイナミックな相互作用を原動力とすることによって、多様な新事業を生み出し、社会的な波及効果をもたらすイノベーション・エコシステムを形成してきたと言えるでしょう。

この拠点事業が掲げた短命県返上というビジョンは、その実現によって平均寿命の延伸はもとより、医療費抑制などのアウトカムをもたらすことも期待できる一方で、実現に至るまでには長期的な取り組みを要するため、短期的な評価尺度では事業価値を捕捉することはできません。したがって資金を確保するために企業等から継続的な予算拠出を受けられるようにすることが不可欠となっています。

また、拠点事業の関係者の間では、事業展開を円滑に進める上で、COIプログラムという国の施策が重要な意味を持っています。さらに、これまでCOI拠点事業を牽引してきたリーダーたちの後継者をどのように育成するかは、人材面での重要な課題となっています。弘前で生まれた「イノベーション・エコシステム」はサステナビリティを確保し、弘前大学COI－NEXTに引き継がれることになります。

健康・医療データ連携事業とCOIデータ連携機構の活動

COI構造化チームが取り組む横断的な活動テーマ「健康・医療情報の活用に関する拠点間連携の促進」における活動主体として、弘前大学を事務局とする「COI健康・医療データ連携推進機構」（以下、COIデータ連携機構）を設置し、2015年度から活動しています。

COIデータ連携機構は、各COI拠点が実施しているコホート研究等における健康・医療データの共有化を図り、研究の検定力や検証力を高めることで各COI拠点の研究成果の信頼性を高め、効率的な社会実装につなげることを目的に設立されました。

現在、日本では多くのコホート研究が実施されています。しかし、そのデータはそれぞれの大学や研究機関で独自に研究と保管がなされ、研究機関の枠を超えた十分な相互活用がなされていない状況にあります。コホート研究等のデータ収集には多大な時間と労力を要します。このような貴重なデータが「埋蔵」された状態にあることは、日本の研究力向上の観点からは大きな損失です。

ＣＯＩデータ連携機構では、各拠点で実施しているコホート研究等やウェアラブルデバイス等から収集される健康・医療データの相互利用検証・比較解析を可能にするためのオープンプラットフォームの仕組みを整え、データの共有化とその相互活用を図っています（図表④）。

ＣＯＩ健康・医療データ連携機構の体制については、その業務に係る企画立案及び総合調整に関する事項を審議する運営委員会と各種業務を担うグループを組織しています（図表⑤）。

運営委員会を構成する運営委員は、ＣＯＩデータ連携機構の活動に参画するＣＯＩ拠点による推薦にて選出しています。

ＣＯＩ健康・医療データ連携機構の活動は、各ＣＯＩ拠点のデータを集約・活用する「データ連携」と、有志拠点を募り個別のテーマで拠点間連携を行う「テーマ連携」（「運動（体力）」、「栄養（食事）」、「休養（睡眠）」、「腸内細菌」）を活動の二本柱として取り組んでいます。

ほかのコホート研究の健康・医療データとの連携については、「データ解析グループ」では福岡県糟屋郡久山町の住民を対象とした「久山町研究」や京都府京丹後市の住民を対象とした疫学調査「京丹後長寿コホート研究」など、さまざまな地域で行われているコホート研究で得られた健康・医療データの連携を始めています。

「データ品質管理グループ」では、幅広い（特に産業活性化に向けた）研究の充実を図る目的で、データを共用するための環境整備を進めています。厚生労働省における保健医療情報分野の標準規格として認められた（「平成28年3月28日医政発0328第6号」）SS-MIX2標準ストレージとリンクしたパーソナルゲノム情報・臨床情報データベースシステムを基本システムとして、将来的にはCDISC（臨床研究データの世界的な業界基準）対応をめざしています。

「プロトコール企画調整グループ」では、COIデータ連携機構の活動に参加する各大学・研究機関・研究者が、関係する政府倫理指針及びヘルシンキ宣言を遵守し、適正、迅速かつ円滑に研究を実施できるように支援しています。

図表④ COI健康・医療データ連携の概要（全体像）

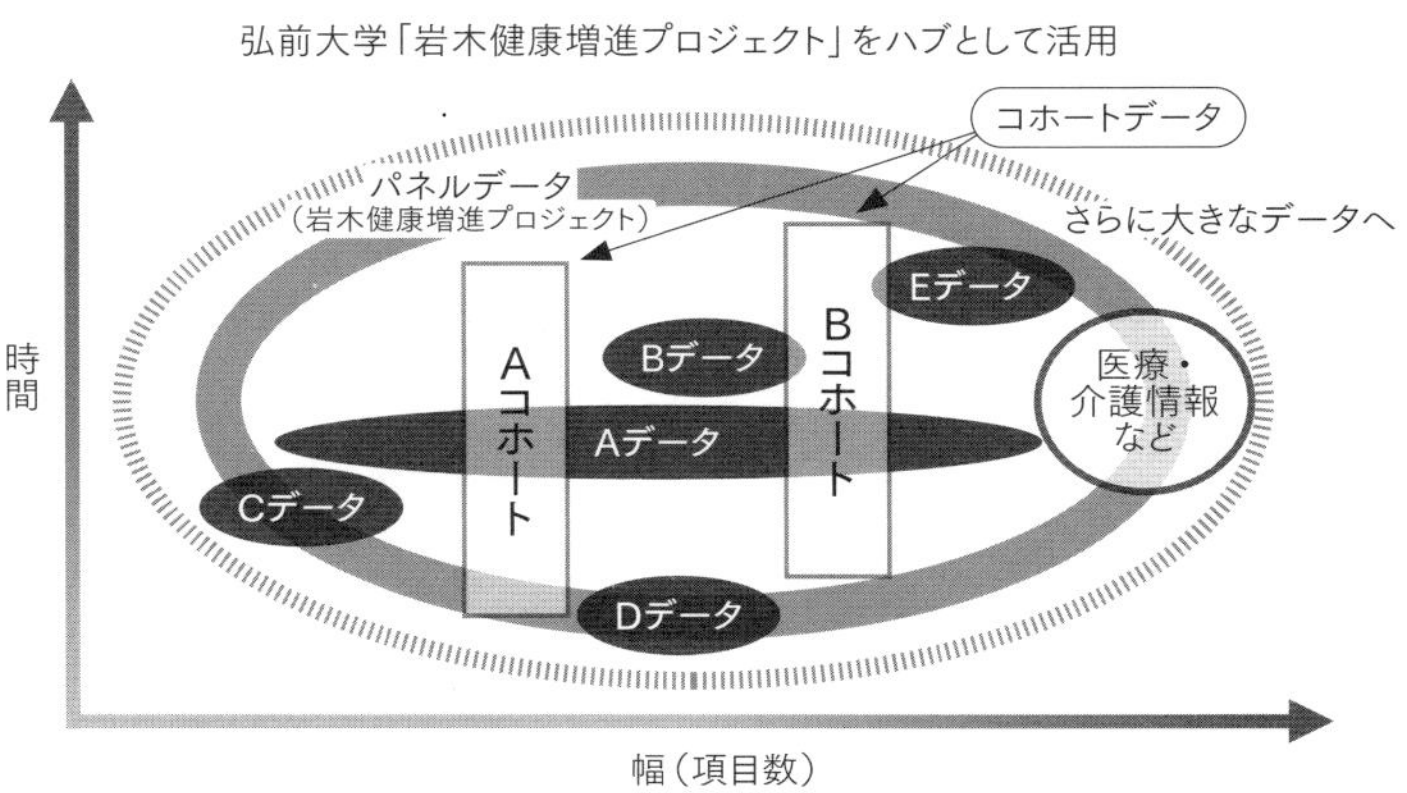

（1）インフォームド・コンセント（標準様式）の作成

国が定める法律やガイドラインを遵守しつつも研究者の自由な発想に基づく研究と試料や情報の柔軟な活用を保障するとともに、研究対象者が研究目的や方法等を容易かつ十分に理解できることを念頭に置いた「標準様式」※を作成しています。

（2）COIデータ連携機構の活動紹介

大学・研究機関の倫理審査委員会で適正・円滑な審査が行われるための支援ツールとして、COIデータ連携機構の活動概要、データ連携の目的・意義について説明するパンフレットを作成し、2017年3月より配布を開始しています。

※各COI拠点より提供された研究計画書（同意説明文書、同意書を含む）から「共通項の洗い出し」を行い、運営委員会での審議を経て2016年3月に「コホート研究における共通IC（インフォームドコンセント）」（ゲノム対応版、ゲノム非対応版）をCOIコホート連携における連携研究の共通インフォームドコンセント（初版）として作成

図表⑤ COI健康・医療データ連携推進機構の組織

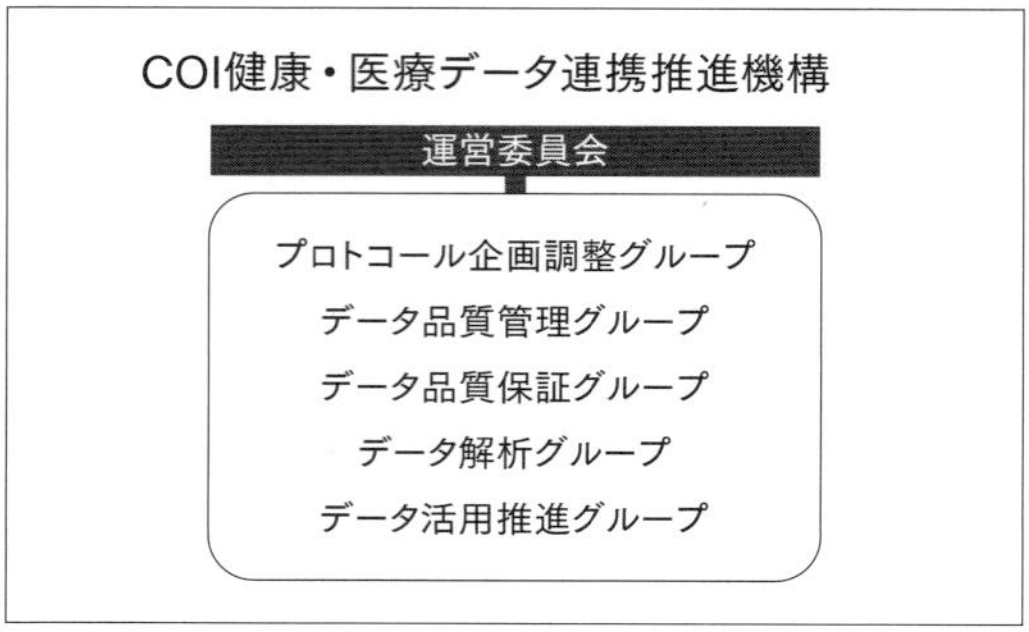

インタビュー⑧

弘前大学大学院医学研究科特任教授
青森県医師会副会長兼健やか力推進センター・センター長
青森県総合健診センター・理事長

中路重之 氏

「データ」とは、社会が数字で見られるということ

本学の伊東健先生が2013年に国がCOIというプログラムをスタートさせるという情報を入手して、ダメもとで申し込んでくれたことが採択につながりました。応募の中には東京大学や京都大学をはじめ、名だたる大学や研究機関の名前がありましたので、当初は採択されるなどとは夢にも思っていませんでした。

ただ、当時の審査委員だった小宮山宏先生との面談のとき、「こういったデータは世界にもあるのですか?」と聞かれましたので、「自分の口で言うのもなんですが、このデータはほかではありえないと思います」と申し上げたら、「そうですか。これすごいね!」と言ってくださったことは昨日のことのように覚えています。

とにもかくにも「岩木健康増進プロジェクト・健診」(岩木健診)に社会の目が向いて、それを応援していただく体制をつくることが優先課題でした。言葉はよくありませんが、健康づくりは〝お金づくり〟にはあまり向いていませんので、そんなところに人は集まってきません。産学官民でプロジェクトを推進するためには、それなりの魅力が必要です。考えた挙句、岩木健診の場合、その魅力は「データ」だという結論に至りました。

岩木健診のデータはほかにはなかなかできない貴重なものですが、活用するためには十分ではありません。京都府立医科大学の京丹後地域や和歌山県立医科大学のみなべ町、かつらぎ町などの地域、名桜大学の沖縄北部地域（やんばる）など、弘前とは異なる特徴を持つ地域のデータを一緒に解析できるようになったことも大きいです。これから次世代医療基盤法の下で、医療費・健診のデータやQOL健診のデータ、介護や福祉、さらにはライフログのデータが連携できるようになれば、まさに日本初のリアルワールドのデータ構築が可能になります。このリアルワールドデータが何を意味するかというと、「社会全体を数字で見ることができる、評価することができる。しかも同時に生活者個々人の情報もつぶさに把握・評価できる」ということです。

平均寿命もGDPも社会を総合的に評価するという点では似ています。リアルワールドデータでは、複雑な社会全体を多視点から総合的に評価、概観できますし、それと同時に個人の詳しいデータも把握できる。そして、そこに介入したら数字がどう動いていくかということを総合的に観察できます。これは、岩木健診のようなビッグデータがあるからこそできることで、そういう意味では、今取得できるようになろうとしているビッグデータ（リアルワールドデータ）によって、研究、政策などで大きなパラダイムシフトが起ころうとしています。

当然ですが、企業は利益を考え、大学の先生方は研究が第一で、市町村は医療費削減と街づくりを主眼に置いています。一方、市民の関心は自らの健康です。ところが残念ながら、まだ医療費のデータとはつながっていません。これらがつながると、一挙にビッグデータの爆発的な可能性が明らかになって、国や自治体も本格的に興味を示してくると思います。今の岩木健診のデータがＰＨＲ（パーソナルヘルスレコード）のレベルまで上げられると、市民の皆さんも本当のベネフィットを感じるようになると思います。

▼青森県の全40市町村が「健康宣言」

青森県は圧倒的な短命県です。しかもどの年代でも死亡率が高い。ここは非常に大切なところで、若くして亡くなる方も多いということです。もう一つは、どの病気でも死亡率が高いということです。その背景の一つとして、生活習慣の悪さがあります。実際、飲酒・喫煙率も高い。それに加えて健診の受診率が低く、病院の受診が遅く、通院状況も悪い。病院を受診した時点でがんが進行していますし、糖尿病が進んで透析になる人も多い。しかも、これらは氷山の一角で、その根本には雪も含めた気候の問題、経済、教育、文化的なものも含めた社会全体の問題が横たわっています。

弘前大学ＣＯＩで解析されるデータを社会に実装するために、いろいろな活動を並行して行っています。例えば青森県の全40市町村が「健康宣言」をしてくれました。およそ１００の小中学校では系統的・総合的な健康授業も行われています。

また青森県医師会の副会長という肩書をいただいて、青森県医師会の中に「健やか力推進センター」をつくり、そこのセンター長を仰せつかっています。弘前大学ＣＯＩや弘前大学、青森県、銀行から人を出していただいて、ここで健康リーダーの育成をしています。加えて最近ではＱＯＬ健診の詳細などを決めたり、弘前大学で学位を取った体操のひろみちお兄さんに先生になってもらって「親子体操教室」を青森県内で展開したりしています。就学前の子どもたち、そしてそのお母さんたちに「身体を動かすこと」に親しんでもらうことはとても大切です。

さらに国の健康経営の流れで青森県健康経営認定制度ができ、すでに約３８０の企業が参加しています。管理担当者が丸１日の研修を受ける必要があるのですが、認定されると入札ポイントが５ポイントもらえます。これは非常に大きなインセンティブになります。

▼弘前大学ＣＯＩは「仮説探索型」の研究

弘前大学は超多項目のデータを集めており、そのデータから仮説を見つけていく「仮説探索型」の研究です。一方で、一般的なコホート研究は「仮説検証型」ですから、ここがコホート研究と違うところです。ですから、その自由度と今後の可能性を求めて、多種多様の企業や研究者が集まってくるのだと思います。もちろん条件はありますが、汗さえ流せば共通する３０００項目は自由に使っていいことになっていますので、自分の独自データと突合すると実にいろいろな研究が可能になります。

一部の専門の研究者が行う研究も尊いですけれども、狭い範囲の研究者が集まると、一歩間違うと〝社会的な正義〟を逸脱することもあります。しかし、いろいろな人が集まることによって、そういったリスクも避けられます。ビッグデータのプラットフォームには、文系も理系も分け隔てなく集まって、そこで本当に真摯な議論を重ねて研究していくような世の中が訪れようとしています。ですから、今から準備しておかなければなりません。

弘前COIで使っている「ベイジアンネットワーク」というAIを使ったネットワークでは、例えば高血圧の人がなぜそのようになっているかの個々のバックグラウンドがわかります。この人の高血圧はどちらかというと肥満の影響が強いとか、この人の場合はゲノムとの関係が強いとかというところがわかってきます。テーラーメイド、オーダーメイド的に指導・解決できるということです。

▼岩木健診の未来版「QOL健診」

これからは「QOL健診」をもっと広めていきたいと考えています。QOL健診では、基本的には岩木健診の検査項目から痛くないもの、そしてその場ですぐ結果がわかるものを選んで検査項目を絞っています。そして1時間で結果を出して、その場で健康教育も同時に行い、それによって行動変容につなげやすくすることをめざしています。

ＱＯＬ健診はかなり進んできてはいますがもう一工夫が必要です。一般市民の部分にまで広く浸透していかないと、短命県返上になかなか結びつきません。例えばですが、献血で採血したときには同時に血液を調べてくれます。そこにプラスアルファで、ＱＯＬ健診ができないかなといったような可能性も考えています。

海外に目を向けると、例えばベトナムは今、非常に発展している国ではありますが、まだ病院は少ないですし、医療へのアクセスも良くないですし、治療費も高いです。そういうところこそＱＯＬ健診が必要だと考えています。日本の海外援助として、ＱＯＬ健診を展開するのは非常にいいのではないかと思います。ＱＯＬ健診はどこでも気軽に受けられるという利点がありますので即時的なデータとしてリアルワールドデータの重要な構成因子になるのではと期待されます。

一方で、毎日でもバイタルデータが取れるとなると、それはすごいと思うかもしれませんが、その分、神経質な方にとっては逆効果になることもあり得ます。例えばＣＴ検査で肺がんが見つかるとノイローゼになる人もいますし、遺書まで書く人もいます。ですから、健診をどこまでやればいいかということも考えないといけません。その答えはまだ出ていないと思います。データをどう活用していくかということを考えていくためにも、今から経験値を積んでおかなければならないというのが、今の私の気持ちです。その前に健康リテラシーを身に付けておけば冷静に受け止めることができます。ですから、データの重要性と同じくらい、健康教育も重要になります。

岩木健診を中心としたビッグデータ（リアルワールドデータ）は、産学官民のオープンイノベーションを起こし、経済効果を伴いながら、社会を巻き込んだ実効性のある健康づくりを可能にすると信じています。

（取材日：２０２３年６月７日／所属・役職は当時のもの）

弘前大学COI——進む他大学との連携

「岩木健康増進プロジェクト・健診」（岩木健診）をベースにスタートした弘前大学COIは、その黎明期には世界的なコホート研究として知られる「久山町研究」を参考にそのスキームを組み立てています。そして、10年が経ってCOI－NEXTがスタートしたタイミングでも「久山町研究」と強固な関係は続いています。

弘前大学COIの大きな特徴の1つは、いくつかの大学・地域の疫学研究と密接な関係を持ち、弘前大学COIのデータ（岩木健診のデータ）のブラッシュアップだけでなく、未来を見据えて地域特性を持つコホート研究データとも連携しているところです。

長寿の町として有名な京丹後地区（京都府）の「京丹後長寿コホート」、日本南端の地沖縄県の「やんばる版プロジェクト健診」、そして山と海に囲まれた多種多様な地域を抱える和歌山県の「和歌山ヘルスプロモーション研究」とは、主要採取データの統合や健診方法、地域活性化などの面で、綿密な情報交換を行っています。

ここでは、ほかの地域との連携について、インタビュー取材をもとに少しクローズアップしてみたいと思います。

その前に、基本的な用語をもう一度おさらいしてみましょう。

ある集団の健康問題などを明らかにする研究方法は、一般的に「疫学研究」と呼ばれます。日本疫学会では疫学を「明確に規定された人間集団の中で出現する健康関連のいろいろな事象の頻度と分布及びそれらに影響を与える要因を明らかにして、健康関連の諸問題に対する有効な対策樹立に役立てるための科学」と定義しています。

この疫学研究は、1854年にロンドンでコレラが流行した際、患者の発生状況を調べて伝播の様子を解明し、予防につなげた研究が始まりとされています。疫学で重要なことは、実態を明らかにするだけでなく、それを健康問題や疾病の予防につなげることです。ちなみに、疫学は当初、上記のこれらのような感染症（疫病）の研究が中心だったため「疫」という文字が使われました。

現在では、疫学研究は生活習慣病などの慢性疾患の研究にも広く用いられるようになっています。特に、1948年に米国で始まった虚血性心疾患の追跡調査であるフラミンガム研究は代表的な疫学研究です。心血管疾患の前兆となる因子及び自然歴を明らかにするために、フラミンガムという街に在住する男女5209人を対象に開始された大規模研究です。ただし、実は日本の久山町研究（福岡県）も世界的に非常に評価の高い疫学研究の1つで、日本国内の認知よりも海外の研究者の間での認知のほうが高いとも言われています。

次に、よく使われる用語の「コホート」は「集団」という意味です。

コホート研究は疫学の手法の一つで、日本疫学会は「調査時点で、仮説として考えられる要因をもつ集団（曝露群）ともたない集団（非曝露群）を追跡して、両群の疾病の罹患率または死亡率を比較する方法」としています。

例えば健診受診者を「血圧が高い」という要因を持つ集団＝曝露群と、要因がない（血圧が高くない）集団＝非曝露群に分けて継時的に追跡して調査を行い、血圧が高い人は将来高血圧だけでなく、そのような病気になりやすいか、またはどのような予防効果があるかを明らかにしていきます。

このように、ある集団を追跡して調べる方法を「前向きコホート研究」と呼び、過去の記録をさかのぼり要因の曝露の有無と、現在の疾病の罹患状況等について分析する研究を「後ろ向きコホート研究」と言います。

ちなみに、岩木健康増進プロジェクト（岩木健診）は、集団を対象として、健康関連の諸問題に対する有効な対策樹立に役立てるための科学を追求していますが、「仮説として考えられる要因」やその対象疾患などを最初から設定していませんので、もちろん曝露群、非曝露群という棲み分けもありません。

そういったことを考える「疫学研究」ではありますが、「コホート研究」ではないというのが一般的な見解です。データはどんどん取得していって、後からつなぎ合わせていくという、これまでの常識を覆す新しい時代の「弘前型研究」とでも言われるのでしょうか？　これは未来の研究者の判断に委ねたいと思います。

世界的なコホート研究「久山町研究」

まずは、弘前大学COIがスタート時に参考にした「久山町研究」を紹介します。久山町研究がスタートしたきっかけは、1960年の世界神経学会でした。このときの学会総会で、米国の疫学者が脳卒中による死亡率の国際比較を発表した際に、日本人の脳卒中死亡率が世界で最も高く、その中で脳出血の割合が極端に大きいことに対して、「日本人特有の要因がある可能性もあるが、むしろ医師の死亡診断に問題があるのではないか」と指摘しました。

これによって日本の医療の質が疑われたわけでしたが、当時は脳卒中の実態に関するエビデンスがなく反論ができませんでした。そのため、九州大学第二内科の勝木司馬之助教授（当時）を中心に、日本の脳卒中の実態を解明するべくスタートしたのが久山町研究です。

そもそも、日本人全員を調査することは不可能です。そこで、年齢構成や職業分布などが当時、日本全体の平均値とよく似ていた福岡県久山町がその対象地域として選ばれました。1961年当時は、脳卒中の病型を調べるには、剖検による死因の同定が必要でした。住民の皆さんに理解していただくための懸命な努力を積み重ね、その結果、脳出血による死亡率は、脳梗塞の1・1

倍であることを明らかにしました。これは、日本の医師は脳卒中をある程度正しく診断していましたが、病型診断に誤りがあったという実態がわかったということになります。この研究を起点に、久山町研究は60年以上にもわたって継続されることになったというわけです。

久山町研究の目的は、「地域住民における生活習慣病の実態を解明すること」「生活習慣病の危険因子を探索し、疾病の予防につなげること」「ほかの疫学研究や臨床研究、基礎研究の知見を検証すること」になります。

調査対象は40歳以上の町民で、１９６１年の第1回の調査以降、2～5年ごとに行うスクリーニング健診で新たな対象者を加えながら定期的に新しい集団をつくり、各時代で日本人の生活習慣や健康問題を把握して、その継時的推移を明らかにしてきているところが大きな特徴です。健診では、身体測定、尿検査、各種血液検査、血圧測定、心電図検査、糖負荷試験、眼底検査、問診、食事や運動などに関するアンケート調査などが行われ、膨大なデータが蓄積されています。

「ひさやま方式」での健康管理システム 剖検率は驚異の75%!

久山町研究は「ひさやま方式」と呼ばれる健康管理システムの上に成り立っています。町や保健師は健康管理を担当し、日々の診療は地域の開業医が、大学は健診と開業医では対応できない患者の治療を行います。そして、それぞれが得た町民の健康や疾病等の情報は、常に相互に連絡・共有されています。

市町村健診は国民健康保険の加入者（40〜74歳）を対象とし、その受診率は一般的には2〜4割程度と言われますが、全住民（40歳以上）を対象とした久山町では80％以上にも達します。特筆すべきは、住民が死亡した場合に家族の同意を得て行う剖検（解剖）の実施率が75％で、これは世界的に見ても類を見ない率であり、疾患・死因調査の精度は非常に高いと言えます。

このように受診率や剖検率が高いのは、町民と研究スタッフの間の深い信頼関係や、町民の健康に対する意識と研究に貢献しようという意識が高いためと言われています。1960年の研究開始から現在までに追跡できなくなった人はわずか数人のみで、「CIAよりも調査能力が高い」と冗談を言われるほど、半世紀にわたって地道に高い受診率を保ちつつ研究が続けられてきた証でもあります。

弘前大学COIがスタートしたそのタイミングでこの久山町研究との縁をつくったのが、ほかでもない中路重之教授でした。

「たまたま弘前大学COIが採択されたタイミングで世界的なコホート研究である久山町研究の指揮をとっていらっしゃった九州大学の清原裕先生（当時）が、弘前大学の内科の先生に呼ばれて青森まで講演にこられました。私は公衆衛生を長年研究していましたので、当然、久山町研究のことはよく知っていましたので、図々しくも直接『ぜひ岩木健康増進プロジェクトにご協力してください』とお願いしたわけです。自分も九州の出身ですので、そこも一生懸命アピールしました」（中路氏）

脳卒中の実態と危険因子を解明

せっかくですから久山町研究のこれまでの代表的な成果を簡単にご説明させていただきます。

久山町研究のスタートのきっかけとなった脳卒中の実態や原因解明に関する研究では、1961年からの調査で脳卒中（脳出血、脳梗塞、くも膜下出血）や虚血性心疾患の実態が明らかになったあとも、罹患率等のデータは蓄積されています。

高血圧や喫煙などが脳卒中の危険因子であることが研究結果から判明しました。しかし、3回目以降の調査では脳卒中の罹患率に顕著な低下は見られず、やや横ばい傾向にあります。これは脳卒中の危険因子が、時代とともに変化しているためと考えられています。久山町研究のデータからは、脳梗塞のうち主に高血圧によって発症するラクナ梗塞が時代とともに減少し、一方で、近年は高血圧や脂質異常症、糖尿病などが相まって発症するアテローム血栓性脳梗塞や心原性脳塞栓症など、欧米型の脳梗塞が増加傾向にあることがわかっています。

ほかにも、脳卒中の原因となる動脈硬化は、高血圧や喫煙のほか、肥満、脂質異常症、糖代謝異常（糖尿病＋予備群）が要因となることや、近年は血管性認知症やその他の認知症とは異なり、アルツハイマー病が急激に増加していることや、認知症の急増や前立腺がん以外のほとんどのがんが糖尿病と関係が深いとして、がんと認知症は糖尿病の合併症であることなども明らかにしています。

弘前大学ＣＯＩが最初に久山町研究と縁を持った時点では、主任研究者は清原裕氏（九州大学大学院医学研究院環境医学分野）でしたが、現在は九州大学大学院医学研究院衛生・公衆衛生学分野教授・附属総合コホートセンター教授の二宮利治氏に引き継がれています。

インタビュー⑨

岩木健診の簡略化バージョン「ＱＯＬ健診」に期待

九州大学大学院
医学研究院衛生・公衆衛生学分野教授
附属総合コホートセンター教授
二宮利治氏

――弘前大学ＣＯＩのような大学が中心になって行われる疫学研究に多くの企業が集まり、企

業目線での新しい技術やノウハウ、それをうまくアカデミアと融合させていくということは本当に大事だと思っています。岩木健診に関しても、その取り組み、そして3000項目にもおよぶ検査項目を蓄積しているということは本当に素晴らしいと思います。

弘前大学COIのスタート時、当時の初期メンバーがコホート研究や地域対応にあまり慣れてなかったこともあって、久山町研究チームがサポートさせていただき、技術的アドバイスも含めて一緒にやっていくというかたちでスタートしました。

久山町研究には60年の歴史があります。最初はお互いの強みを活かしていきながらデータを連携させていくことの意味を理解していただくのに難しい面もありました。弘前大学COIは横断的な深いデータを持っていますが、久山町研究は縦断的なデータの強さがあります。

岩木健診で少し気になっているのは、健診にかかる時間です。そのため、どちらかというとアフィニティ（相性、親和性）の高い人が中心になってしまっているのではないかという懸念があります。私たちの久山町の健診は2時間半ですが、それでも長いですよね。その日のうちに健診結果がわかる部分は指導してお戻しするというのは、久山町のノウハウです。岩木健診の簡略化バージョン「QOL健診」には非常に期待しています。

久山町研究は、スタート時点では日本の代表的なサンプル集団といっていましたが、今ではすでに健康的な集団です。例えば血圧管理がかなりよくなって、現在の日本の平均が久山町の10〜15年ぐらい前と同じです。糖尿病も減り始めていて、食事も多様性のある食事が浸透し、野菜の平均摂取量が４００g（全国平均が２８０g、国の推奨は３５０g）くらいあります。さらに、認知症が減って、要介護者も減ってきています。

50年間はコホート研究の地でしたが、１９９５年ぐらいから血圧の管理や食事のコントロールを皮切りに介入を始めて、そのあたりから少しずつ変わってきています。今は疾病予防のモデル地区になりつつあるような気がしています。この先、日本が久山町のやり方を踏襲していけば健康政策は成功するのではないかと思います。大体、10年から15年ぐらい先を行っている感じがします。しかし、ここまで来るのに50年という年月がかかっていることを忘れてはいけません。

岩木健診が19年目、弘前大学ＣＯＩが採択されてから10年。結果がはっきりと目に見えてくるまでもう少し時間がかかるかもしれません。そもそも、そんなに早くできるわけがない。50〜60代の人たちが70〜80代になってくるまでは20年かかりますからね。青森県の短命県返上のデータがよくなるのには、ある程度のタイムラグは存在すると思います。

▼データの使い分けが必要

データの精度の低さは、大規模データを取ることによってノイズとして消えていきます。精密な３０００人の試験結果と、精度の低い３００万人の試験データでも同じような結果が出てきます。われわれは福岡市の約３００万人のデータも扱っていますが、久山町は毎年約５０００人のデータです。これはどっちがいいとか悪いとかの話ではなく、データの使い分けが必要になるということです。

弘前大学ＣＯＩにはすでにたくさんの企業が参加されています。これからはそれをどうコントロールするのかという部分が課題かと思います。企業が取ったデータの解析結果から「何が言えるのか?」「その先にどういう可能性があるのか?」といった解釈のところにはアカデミアの立場が必要だと思います。そこが弘前大学ＣＯＩに求められている部分ですし、結果的にそこがイノベーションにつながるのだと思います。

寿命と並行して健康寿命も伸びています。いわゆる予防医学という面ではある程度うまくいっているのだと思っています。その結果、高齢者が増えて、新たな問題点が出ているという解釈です。

今の65歳、70歳の人たちは、総じてとても若いです。見た目も元気です。これからの時代は、その人たちをどう活用するかということのほうが大事で、そこは健康というよりは、制度の問題でもあります。いわゆる肉体の健康ではなく、精神の健康とか、心の健康とか、そういったものをどう活用していくかのほうが今から大事だと思っていますし、われわれもそちらの方向の研究にシフトしているところです。

そういった意味では、弘前大学ＣＯＩの研究はそこに近いと思います。従来のコホートにないもの、従来のコホートがめざしてきたものと違うものになっている。だから弘前大学COIが注目されていると私は感じています。

(取材日：2023年7月7日／所属・役職は当時のもの)

「京丹後長寿コホート研究」との関わり

京都府北部に位置する京丹後地区は、100歳以上の長寿者が多いことで知られています。2024年1月には、この地区で暮らす100歳以上の長寿者は180人、そして、人口10万人当たりの数は202・1人と、全国平均の約2・8倍であり、日本の中でも最も高水準の長寿地域の1つです。

この長寿の原因を明らかにすべく、京都府立医科大学が2017年に京丹後地区(京丹後市、宮津市、与謝野町、伊根町の2市2町)に暮らす65歳以上の住民を対象にスタートさせたのが「京丹後長寿コホート研究」です。弘前大学COIからのオファーを受けて、日本一の短命県と日本有数の長寿地域で何が違うかということで研究が始められました。

京都府立医科大学では、京丹後長寿健診受診者のデータを弘前大学COIに合わせて固定し、データクレンジングを行って、各共通項目におけるデータの可視化や統計解析、予測モデル作成等を行い、実行可能な基盤システムの開発検討と検証をしました。また、京都大学とも連携し、特に弘前大学の岩木健診データと3つの分野——職業・学歴・日常生活の状況などといった「社会環境的データ（社会科学分野）」、食事や睡眠時間、趣味や会話の頻度などの「個人生活活動データ（人文科学分野）」、そして腸内細菌、血管年齢、血液検査、運動能力、認知機能などの「生理・生化学データ（健康科学分野）」——で整合性を確認済の共通する424項目の比較検討を行っています。さらに、データロボットを導入し、データ連携推進のためのプラットフォーム構築の整備を行った上で、各科における論文作成にも着手しています。なお、この研究は2032年3月31日までの15年間が予定されています。

京丹後市民は、80〜90代でも活動的で「百寿者」と呼ばれる100歳以上の方が多くいます。男性の長寿世界一としてギネスブックに認定されている木村次郎右衛門さんも、2013年に満116歳で亡くなられるまで、京丹後市で暮らしていました。

京丹後長寿コホート研究ですでに明らかになったことは、京丹後地域に住む高齢者の血管年齢が若く、80歳以上、そして100歳代でも60〜70代の血管年齢を保っているということです。これはCAVI（心臓から足首までの動脈の硬さを調べる検査）という方法で、手と足への脈の伝播スピードから計算しています。

また、認知症の発症率も低いですし、腸内細菌の善玉菌も多く大腸がん罹患率も低いです。食事アンケートの結果では、食物繊維が多いという地域ならではの特徴があるのではないかとみられています。遺伝子は寿命にほとんど関係ないことがわかってきており、生活習慣のほうが重要だと考えられています。

京丹後市は、少し前までコンビニエンスストアもない市でした。交通の便にも恵まれず、何でも手に入る便利な世の中とは無縁の環境で、質素な暮らしが続けられてきたのです。この〝昔と変わらない暮らし〟こそが、京丹後市の健康長寿をつくり出したと考えられます。また、麦や玄米などの全粒穀類を毎日食べている人が多く、さらに海でとれる海藻類、芋や豆など、土地に根付いた食べ物を〝ほどほど〟に摂取していることがわかりました。京丹後市の高齢者は、日々の食事で食物繊維を多く摂取しており、しかもその食事内容は昔からほぼ変化していなかったということもわかってきています。食の欧米化などにより、日本人の腸内環境が悪化していることが問題となっていますが、京丹後市はある意味、近代化の恩恵を受けなかったことで食生活が変化せず、腸の健康が保たれてきたといえそうです。

弘前大学ＣＯＩとの比較でわかってきたことは、同居人数が少ないことです。同居人数が少ないと、何をするにも、自分のことは自分でしなければならないという状況に迫られ、結果、いつまでも体が動くといったことが推測されます。男性の家事にかける時間が長いといったデータもあります。さらに、京丹後市民は、社会活動にかける時間が長く、運動習慣が身についており、人づき合いにかける時間が長い、友人との個人的会話時間が長いといった調査結果も出ています。

インタビュー⑩

京丹後や弘前の研究にはまだまだ未知の可能性がある

京都府立医科大学大学院
医学研究科循環器腎臓内科学講座
教授
的場聖明 氏

COIプログラムは、国家的な研究として、多くの大学にもチャンスを与えてくれたということが非常にありがたいと思っています。その中で、弘前大学が岩木地区をフィールドとして調査研究をしているということを聞いて、「こういうことができるのか?」とみんなが驚きの目で見ていたと思います。日本全体の健康を、弘前からよくしようという試みは純粋にすごいと思いました。

私たちは日々、臨床で患者さんの意見を聞いていますので、健診の現場は知っているつもりでした。しかし弘前大学COIと協働するようになってから実際に岩木健診の現場に行ってみると、病気になってない人の意見が聞けていなかったということがよくわかりました。健診に行くか行かないかのレベル、もしくは健診に行かない人たちをどのようにしていくかが大切だということを改めて思い知らされました。

なにより京丹後と弘前とで、それぞれの地域の違いをデータで見ることはすごく面白いです。私たちはスタート時から弘前大学ＣＯＩと同じ検査項目に揃えていますので、ぴったり比べられるようになっています。

例えば、腸内細菌について説明すると、「それは京都の一部地域の話でしょう」と言われていたのが、「いや弘前でもそうですよ」と返せるようになりました。こういうプラットフォームを全国につくっていけたら非常にありがたいと思います。また、弘前大学ＣＯＩではエクセルに手入力することに苦労していたことを聞いていましたので、京丹後長寿コホート研究は最初からアンケート時に一度にダウンロードできるシステムをつくることで、かなり作業が軽減できました。

私は基礎研究もしていて、そこでは新しい遺伝子を見つけて論文にすることが醍醐味なのですが、実はそれが本当に人間に役に立つのかどうかという部分は非常に難しい。ところが京丹後長寿コホート研究から見つかったアミノ酸が、すごく効果があることがわかってきています。これまで知られていなかった物質がヒトから見つかるということは、社会実装に持っていきやすいですし、企業も興味を示してくれます。これからも取得する検査項目次第では、腸内細菌にしろ、アミノ酸にしろ、新しいものがまだまだある可能性が高いということがわかりました。予想外の発見をセレンディピティ（Serendipity）とも言いますが、京丹後や弘前の研究にはまだまだ、未知の可能性があると感じています。

また、診療各科の疫学研究をまとめるという手法を、スタート時に中路重之先生から聞いて、われわれもマネさせていただいています。京都府立医科大学は臨床研究が強く、基礎研究があまり強くなかったのですが、双方の分野のつながりが有機的になっています。ここは本当に勉強になりました。

もう一つ言及したいのは、COIは国のプロジェクトだということです。当時の総理大臣が日本イノベーション大賞の賞状を渡す場面を見ると、「国もこういうことの重要性を認めてくれる」ということが強烈に感じられます。日々、データを扱ったり、研究結果を説明したりしている第一線の先生方や看護師さんたち、また関わる事務の人にとって、すごくモチベーションが上がると思います。

さらにCOIは行政との連携が絶対的に必要だということです。やはり自治体のトップが動いてくれると、周りが動きやすいです。メディアにも扱われやすいですし、住民の健康意識も高まります。

産学官が一体となったという研究は、やはりすごいですよね。今、企業に勤めている方も、大学では経済や工学や理学を勉強されていたと思いますが、企業の中で培われた社会的目線を持つと研究への見方が変わります。COIでは、アカデミアと企業との垣根がありませんし、一緒にやることでスピード感がだいぶ違うかなと感じています。最近は、これに金融が入って「産学官金」と言われるようですが、世の中を回すために必要な要素がこのCOIプロジェクトの中によくまとめられていると思います。その上で、やはり代表は大学がするべきかと思いますし、弘前大学ＣＯＩの仕組みはこの辺が絶妙かなとも思います。「日本人が幸せで長生きなのは遺伝だけではなく、幸せに長生きできる要素がある」ということを明らかにして実現することがわれわれの目的です。少子高齢化や「人生１００年時代」はなにも日本だけでなく、いずれは中国もインドもそして世界中が迎えるわけですから、その最先端を行ってる日本が、今のうちにデータをしっかり出して、その解決策を明示することができれば、弘前や京丹後が行っていることが、何物にも代えがたい社会貢献になると思います。

（取材日：２０２３年６月23日／所属・役職は当時のもの）

沖縄県・名桜大学「やんばる版プロジェクト健診」

弘前大学ＣＯＩ連携拠点として、沖縄県の名桜大学が行っている疫学研究が「やんばる版プロジェクト健診（ＹＨＰＰ）」です。沖縄県北部12市町村に居住している20歳から64歳までの約３００人を対象として、遺伝子データ、血液検査データ、腸内細菌叢データ、腹部エコー（肝腎コントラスト）の画像データ、生活習慣（食、身体活動、喫煙、飲酒等）に関するデータ、運動機能に関するデータ、こころの健康に関するデータ、そして参画する共同研究機関が収集するデータなどの各データを収集し、健康医療ビッグデータとして解析して、アルツハイマー型認知症や生活習慣病、がんの発症リスクを高める要因を把握して予防策を検討することを目的とし、当面の目標である「Health Literacy（ＨＬ）の向上及び平均寿命・健康寿命の延伸」、最終目標である「Quality Of Life（ＱＯＬ：生活の質）向上」を掲げた横断調査です。

弘前大学ＣＯＩの岩木健診にて集積している多変量解析を可能にする網羅的データと沖縄県北部地域の健診データについて比較検討を行うために健診データ管理委員会を設置し、健診データ入力及び匿名化データを一元化して管理しています。また、地域データプラットフォーム構築に向けて、健診データ保存用サーバーを名桜大学のサーバーに増設しています。

このプロジェクトがスタートした２０１８年11月３日には、国際シンポジウム「国際コンソーシアム協定連携シンポジウム～沖縄の健康長寿復活～」が開催されています。ＣＯＩ事業の産学官連携に基づくイベントとして行われたこのシンポジウムでは、沖縄県北部12市町村が持続可能な社会実現をめざす8つのアジェンダから成る「やんばる健康宣言」も同日発表されています。

２０２３年9月1日、英国Science Impact社が発行している科学情報誌『Impact』に、名桜大学の本村純上級准教授（人間健康学部健康情報学科）の「ヘルスリテラシーを高め行動変容を促すＡＬＤ・ＮＡＦＬＤ予兆モデルの社会実装試行」が掲載されました。この研究は、ＹＨＰＰによるビッグデータ解析に基づいて、ＡＬＤ（Alcoholic Liver Disease：アルコール性肝障害）とＮＡＦＬＤ

(Nonalcoholic Fatty Liver Disease：非アルコール性脂肪性肝疾患）の将来の発症リスクを予測するアルゴリズム開発になります。さらに、そのアルゴリズムを組み込んだスマホアプリの開発を行い、そのスマホアプリの社会実装を試行する研究も行われています。

名桜大学は２０２３年度、人間健康学部に3学科目となる健康情報学科を新設しました。数理・データサイエンス・ＡＩの手法を駆使し、保健・医療・福祉などの健康分野、さらには金融・観光・飲食・公務員など社会全般にわたる分野でデータ分析をすることで、新たな価値やサービスの創出に貢献できる人材を育成するものです。

インタビュー⑪

“オーダーメイド”な生活指導をしていくことが当たり前になる

名桜大学学長

砂川昌範 氏

―名桜大学が位置する沖縄県北部は過疎化が進んでいて、医療や介護などさまざまな課題を

抱えています。そのような中で本学の看護学科の教員は学生ボランティアと一緒になって、学科創設当初から地域でさまざまな健康支援活動をしており、地域の皆さんと協力しながら、健康カルテを記録し、健康支援の効果を調べてきました。それが住民にも支持され、学生にも支持されてずっと続いています。

弘前大学の中路重之先生は本学の客員教授でしたので、健康支援活動についてアドバイスをいただく機会がありました。ある日電話があり、「実は、弘前大学はCOIプロジェクトの中で岩木健診を通して健康医療ビッグデータを構築している。これは青森県のみならず、日本にとって大切な基盤的なデータになるはずだが、今はまだ弘前市の一部地域のデータのみである。そこに、沖縄のデータが合わさることで、国内の特徴ある地域からのデータが加わり、価値のある健康医療ビッグデータとなり得るので、一緒にやりませんか」というお誘いを受けました。沖縄からも健診データを提供させていただきながら、本学が取り組んでいる沖縄県北部の皆さんの健康づくりにさらなる貢献ができるのではないかということで、喜んで弘前大学COIに参画しました。

地方の名桜大学が、国家的な産学官連携プロジェクトに参画し、同じく研究プロジェクトに参加する超一流の研究者の最新知見に触れる機会を得ました。

弘前大学COIにおいて名桜大学は、「やんばる版プロジェクト健診」のデータを提供する拠点大学という役割を担っていますが、測定データ項目を完全に弘前大学の岩木健診と一致させているのかというと、実はそうではありません。われわれも、地域の課題を見据えて、その課題解決につながるようなデータを測定していくことが必要ですので沖縄の特異的なデータを取れるように工夫しています。

例えば、われわれは脂肪肝のデータを取っています。

実は、若い人は自身が脂肪肝であるかを知る機会は滅多にありません。通常、職場の健康診断で腹部エコーは調べないからです。「やんばる版プロジェクト健診」受診者の腹部エコーのデータを調べてみると、20～30代の男女とも脂肪肝の人が多いことがわかりました。沖縄は肥満率が高く、そのために平均寿命も下位に落ちていますが、その要因が見事に証明されました。今後、ここに血液データや生活習慣のデータ、食事のデータ、そして遺伝子解析のデータなどもかけ合わせて調べていけば病気の発症機序の解明につながると期待されます。また、遺伝子的に脂肪肝発症のリスクを持っている沖縄の方で発症しない人を詳しく調べることで予防医学の研究にもつながります。

沖縄住民の遺伝データは、本土と違う可能性があります。実際、国外のいろんな人種とも違うということがわかってきました。学問的にも非常に面白いですし、人の移動と疾病発症の変遷を含めた人類学的な研究へと裾野が広がっていくと思います。

すでに30種類近くの疾患が弘前大学の健診データに基づくアルゴリズムによって発症の予兆ができるようになっています。ですから、目的はもう明確です。それは、個人の健康データを、ライフログとして利用していける社会を構築していくこと、健康ビッグデータを効率よく医療や生活に導入して予防効果を高めていくことに尽きると思います。

今後は弘前大学の疾患予兆アルゴリズムをコアとして、遺伝的要因と臨床データのディスクレパンシー（discrepancy：指標間のずれ）の発生の有無を調べて修正した沖縄バージョンの疾患予兆アルゴリズムが開発されるかもしれません。諸外国の方の遺伝データと臨床データの関係性から各国バージョンの疾患予兆アルゴリズムとして開発できれば、汎用性の高い疾患予兆アルゴリズムへ発展する可能性は十分あると思います。

食生活の改善が今の沖縄の健康課題の解決に大きく寄与することは間違いないと思います。住民の皆さんに納得していただいて生活習慣を改善していくには、正確な健康情報に基づくヘルスリテラシーの向上が不可欠です。住民一人ひとりの健康増進のために健康データに基づく〝オーダーメイド〟な生活指導をしていくことが、健康政策として社会実装されていくことになると思います。その期待が、弘前大学COIに注がれているのだと思います。

（取材日：2023年6月23日／所属・役職は当時のもの）

和歌山県立医科大学「和歌山ヘルスプロモーション研究」

「和歌山ヘルスプロモーション研究」とは、和歌山県の地域住民を対象に、生活習慣病を中心とする各種疾患の発症に関わる遺伝や環境要因を明らかにすることを目的として、2011年から和歌山県立医科大学が主宰し、現在はNPO法人ヘルスプロモーション研究センター（HPRC）と共同で進めている地域基盤型のコホート研究です。

登録者数約5550人、延べ参加者数約1万1000人のデータを用いて、心血管、認知症、サルコペニアなどの発症に関連する遺伝・環境要因の解析を行っています。特に、地域差に関する検討では、地域間の比較から、各種疾患の発症リスクに関連する生活様式の特徴を検討し、地域特性を反映した予防対策につなげることをめざしています。一部の対象者については、5～6年後の追跡調査もスタートし、発症要因のコホート解析も行っています。特に、筋肉量の減少や動脈硬化の発症に関わる要因の解析に関しては、いくつもの原著論文を発表しています。

また、県内の市町村や企業などにも働きかけて、参加者の健康に関係する要因を多角的に解析し、将来の健康度の予知予測モデルの開発も視野に、健康寿命の延伸や健康経営の推進なども行っています。また、一部の学校をモデル校として、若年期からのヘルスプロモーション教育も展開しています。

対象地域は、北部のかつらぎ町（平野と山間部を持つ農業中心の町）と高野町（山間部で宗教の町）、中部のみなべ町（海沿いと平野を持つ漁業と農業の町）、南部の上富田町（平野部で近年、若年者が流入して人口が増加している町）、そして、南東部の北山村（山間部で観光と農業の町）といった、それぞれ特徴のある地域が選ばれています。

住民健診では、弘前大学ＣＯＩの岩木健診に一部対応するかたちで、ライフスタイル（栄養、睡眠、飲酒、喫煙、身体活動）、社会関連性、ソーシャルキャピタル、フレイル、ヘルスリテラシーに関する調査、動脈硬化（頸動脈ＩＭＴ、脈波速度、中心血圧）、認知・心理機能、呼吸機能、握力・脚筋力、筋肉量、運動機能、体組成、内臓脂肪面積、血液・尿中バイオマーカー、遺伝子多型、口腔内・腸内細菌などに関する検査が行われています。

インタビュー⑫

県民の特徴を踏まえたリスク予測や予知・予防に向けたモデルをつくりたい

和歌山県立医科大学
保健看護学部教授
宮井信行 氏

「和歌山ヘルスプロモーション研究」は、2011年にスタートして今年で12年目になります。まだ歴史は浅いですが、和歌山の地域に根差した地域基盤型のコホート研究として活動を続けています。

弘前大学COIプロジェクトには2018年から参加し、健康ビッグデータの構築をめざして、データ連携を進めています。岩木健診のデータと統合することで、データ量を増やすだけでなく、異なる地域特性を持つ集団のデータと比較できますので、リスクが疾病発症に発展していく過程の違いなどを知ることができ、とても有意義な研究が可能となりました。特に、和歌山県だけのデータでは見えてこなかった部分が、弘前大学と共同でデータ解析することで明らかになる可能性があり、新しい発見や展開に結びつくことを期待しています。

知見を広く一般化していくことを考えたときも、和歌山県民だけのデータではなく、弘前のように、異なる風土や文化を持つ地域の方々のデータと、外部検証のようなかたちで照合することで、研究成果がブラッシュアップされて妥当性が高まると考えています。例えば、同じ疾病リスクであっても、原因や背景などが地域で異なります。統合的なデータ解析を行えば、全国規模の健康戦略や政策の策定に貢献できる可能性があります。同時に、弘前とのデータ連携を強化する中で、和歌山県民の特徴を踏まえたリスク予測や予知・予防モデルの構築へと結びつけていきたいと考えています。

和歌山県は、山間部や海沿いなど、多様な地域特性を持つ県であり、その生活様式が疾病リスクと深く関係しているのではないかと思っています。例えば、高血圧においても、地域によって危険因子や増悪因子が少しずつ異なることがわかってきました。また、和歌山県は青森県と同じく「短命県」の1つですが、その背景を探っていくと、普段の生活の中での身体活動量の少なさが関係していることも見えてきました。インフラが整備されていない地域では、短い距離の移動にも自動車を利用することが少なくありません。実際、和歌山県は軽自動車の普及率が全国上位であり、これも地域を反映したデータと言えます。このように、和歌山県は多様な特性を持つ地域が多くある中で、他県にないような独自の部分があると感じています。

岩木健診では、地域のボランティアさんや健康リーダーさんが主体的に関わりながら、地域全体を巻き込んだ健診がなされていますし、地域住民への啓発活動や生活習慣改善の支援なども活発に行われています。私たちは、マンパワーの面で同じような規模では難しいですが、地域との連携をこれまで以上に強化しながら、住民と密接に関わったヘルスプロモーションの活動を進めてゆきたいと考えています。
また、弘前大学ＣＯＩの取り組みを手本に、住民健診を単なる健康診断の枠にとどめず、地域全体の健康づくりの基盤として位置づけ、住民の健康寿命延伸のための包括的な支援をしていくことも大切と感じています。地域の健康創出だけでなく、経済基盤の強化や地域活性化といったところにも入り込みながら、地域の発展に貢献していくこともめざして取り組んでいければと思います。

（取材日：2023年6月29日／所属・役職は当時のもの）

弘前大学ＣＯＩの実績・成果にはどんなものがあるのか

２０１３年の採択から２０２２年３月まで、実に９年にわたって展開された弘前大学ＣＯＩはさまざまな面で大きな成果を上げてきました。

「岩木健康増進プロジェクト・健診」（岩木健診）の健診結果のデータとそのデータ解析をもとにした数々の研究成果はもとより、連携4拠点との協働によるより広域なデータ連携も相まって、そこから発展したさまざまな健康寿命延伸に関する施策やビジネスが生まれてきています。さらに、弘前大学を中心として、弘前市、青森県の地域振興にも一役買っています。

そこで、このパラグラフでは弘前大学COIの具体的な成果を、各方面で弘前大学COIに参加している研究者の取材をもとに見ていきます。

短命県返上を合言葉に、弘前大学・弘前市・青森県総合健診センターが2005年に開始した「岩木健康増進プロジェクト」は、弘前市岩木地区の住民の協力のもと、毎年1000人前後の参加を得て20年間にわたり継続されてきています。また、岩木地区の住民にとっても、この岩木健診は毎年5月下旬~6月上旬の農閑期の一大イベントになっています。

岩木健診では、健診参加者の同意のもとに、ほぼ全ゲノム領域にわたるSNPs（DNAの一塩基変異）データを含めた遺伝子情報やバイタルデータ、生活習慣情報などが取得されています。これらの健康情報データをもとにデータベースが構築され、京都大学、東京大学、名古屋大学、東京医科歯科大学（現東京科学大学）からなる「健康データベース解析チーム」によって詳細に解析され、認知症や生活習慣病の発症を予測する、画期的な疾患予兆発見アルゴリズムも開発されつつあります。

この疾患予兆発見アルゴリズム研究は、遺伝子、健診及び生活習慣情報を含むビッグデータから疾患の予兆因子を選び、予兆発見のアルゴリズムをつくりだすものです。すでに約20疾患について3年以内の新規発症を予測するモデルの構築が完成。また、疾患予防・改善のための個人別の介入経路探索アルゴリズムも開発されています。さらに、遺伝情報を用いたパーソナルな予測シミュレーション技術、予測精度の向上によって、将来的には個人個人に最適化された「統合健康リスク予測シミュレーター」を提供できる素地が、すでにできあがってきていると言っても過言ではないでしょう。

今後は、それらをシステム化することで、地方自治体や企業等が住民・従業員に対して早期予兆発見や早期介入を行うことも可能となり、弘前大学ＣＯＩのめざすべき将来の姿、すなわち真の健康長寿社会の実現が現実味を帯びてきています。

２０２０〜２０２１年度は、新型コロナウイルス感染症拡大の影響を受け、岩木健診の実施が危ぶまれましたが、実施時期を秋にずらし、〝三密〟を避けるために完全予約制とし、感染予防対策を徹底した運営を行うことで、例年の半分の規模とはなったものの感染者を１人も出さずに健診を完遂したことも大きな成果でした。

なお、コロナ禍を転じて福となすべく、この期間に岩木健診対象者に「ＣＯＶＩＤ‐19ワクチン接種後の抗体産生に及ぼす因子に関する研究」を追加したことも、岩木健診の柔軟性を如実に表しています。

さて、弘前大学ＣＯＩのさまざまな実績が認められ、２０２２年10月には次の10年に向けて

ＣＯＩ－ＮＥＸＴにも採択されました。

ＣＯＩ－ＮＥＸＴに関しては第6章で弘前大学の村下公一氏から詳しく解説していただきますが、ここでは9年間の成果を⑴ビッグデータ解析、⑵社会実装・ビジネス化の具体例、⑶研究の成果、⑷ＱＯＬ健診、⑸共同研究講座、⑹健康未来イノベーションセンター、⑺高齢者対応――に分けて紹介します。

⑴ビッグデータ解析

まずは注目度が最も高いと思われるビッグデータ解析からです。

岩木健診の2000～3000項目に及ぶ検査項目は、当初はエクセルデータにまとめられていました。データは集めることがとても重要なのですが、それと同じくらいデータの精度も要求されます。さらに、それを正確に解析することによって初めて研究や社会実装に活かされていきます。

弘前大学ＣＯＩはデータ整理と解析に注力したことも大きな特徴です。日本のデータ研究の第一人者を集めた多大学連携の「ビッグデータ解析チーム」がそれを担いました。

「ビッグデータ解析チーム」の当初の仕事はデータのクレンジング作業でした。その後に各種の具体的な解析が進んだことによって、岩木健診のデータは多因子的解析を可能とする網羅的データに生まれ変わったのです。

「ビッグデータ解析チーム」に参加した研究者とその研究内容を具体的に見ていきます。

京都大学では、岩木健診のビッグデータが構築してきたデータベースの改良と利用を行いながら、疾患予兆予測アルゴリズムと付随した機械学習技術による研究開発のほか、ＡＩ技術による約20疾患における発症予測モデルの構築をしています。また、階層ベイズモデルによる疾患予防・改善のための個人別の介入経路探索アルゴリズムを開発し、臨床的な有用性について論文を発表しています（Nakamura et al. Nature Communications 2021）。さらに、最適な改善目標と因果推論モデルを用いた個人別の発症経路推定のモデルも論文発表の準備中です。「ＱＯＬ健診」における測定項目を用いた予測モデルの性能検証も行っており、社会実装に向けた開発を進めています。

京都大学からは、日本のビッグデータ・ＡＩ・スーパーコンピュータなどの計算技術を用いた創薬・医学研究の第一人者である奥野恭史氏が「ビッグデータ解析チーム」に参加しています。

東京大学医科学研究所では、弘前大学ＣＯＩ拠点に参画する企業と共同で、岩木健診において収集されたデータが科学的妥当性を有すること、このデータを基盤として科学的な発見を行うことができることを実証してきています。

東京大学からは井元清哉氏が同チームに参加しています。井元教授はコロナ禍の中で開催された東京オリンピックの選手村での新型コロナウイルス下水調査や、プロ野球とＪリーグが合同で行ったシミュレーションによる感染対策の評価の陣頭指揮をとったことでも有名です。

名古屋大学では、これまでに岩木健診のデータをもとにＭＭＳＥ（ミニメンタルステート検査：認知機能レベルを客観的に測定することを目的とした神経心理検査）や睡眠に寄与する因子の探索を重点的に進めています。MMSEの経時変化には睡眠関連指標が関連すること、また、農業従事者の睡眠障害率が低いこと、逆に睡眠障害が高い人は糖質摂取量が多いことなどを見出しています。さらに、運動習慣が睡眠障害に重要な影響を持つこと、睡眠障害予防を行うことは認知機能低下の予防にもつながることなどを明らかにしています。名古屋大学からは中枌昌弘氏が同チームに参加しています。

東京医科歯科大学（当時）でも同様に、MMSEの低下と睡眠の質の関連性、農業従事と睡眠の質の関連性、基礎疾患（脂質異常症、高血圧、高脂血症）と睡眠の質の関連性、糖質摂取量・基礎疾患・睡眠障害との潜在的な関連性を明らかにしています。東京医科歯科大学（同）からは平川晃弘氏が参加しています。

インタビュー⑬

京都大学大学院
医学研究科人間健康科学系専攻
ビッグデータ医科学分野教授

奥野恭史 氏

データヘルスのあるべき姿をつくりたい

岩木健診のような住民参加型のデータの取得は、今日言って明日やれるものでもありません。当然、当初から想定はされていなかったにしても、健診による地道なデータ収集が、データヘルスという時代にマッチしたということだと思います。データは、経年的に長期で見ていかないと本当の強みは出せません。世界的にデータヘルス、データ駆動型の社会が広がっていく中で、先行してユニークなデータ収集をされていたということで、岩木健診のデータは結果的に大きな意義が出てきたと思います。

弘前大学COI「ビッグデータ解析チーム」は、まずはそれまで取られていたデータのクレンジング作業から始めました。岩木健診の初期はデータ解析という概念のない中でデータが取られていましたので、正直、その時点でのデータは解析ができる状態ではありませんでした。しかも、岩木健診は取得しているデータが2000~3000項目と、非常に多いことが大きな特徴ですので、われわれはこの3000項目を一つひとつ検証し、クレンジングしなければなりませんでした。本当に気の遠くなるような作業でしたし、大変苦労したところです。

データは集めるとき、「何のために」と思った瞬間に集めるデータにバイアスがかかってしまいます。多分これを理解している方が未だに少ないと思いますが、「まずはデータを集める」ことに徹した岩木健診が、従来型のコホート研究と違うと言われているのはまさにその部分ですし、だからこそ今になって価値が出てきています。

すでに、約20疾患の発症予測のアルゴリズムを構築することができていますが、それは予測できる疾患の数に意味があるのではなく、多くの疾患の将来予測ができる、そして介入することもできるという概念をつくり上げたことに意義があります。「データヘルスというものは、本来こうあるべきだ」ということが、弘前大学COIのデータからつくり上げられるといいかなと思っています。これまで、そういうことに成功した事例はありませんし、岩木健診のデータがなければそういうコンセプトも出てこなかったと思います。

生身の人間からデータを取ることは相当なコストがかかり、誰もがやれることではありません。弘前大学COIのデータにはまだまだポテンシャルがありますし、われわれの研究としてもまだ100%は引き出せていないと実感しています。例えば、「ChatGPT」の最近の成熟具合を見たときに、データからいろいろな引き出し方ができるということを想像させますが、弘前大学のデータに対しても同じことが言えるのではないかと思います。一方で、弘前型といいますか、「寄せ集め」と言われるデータを集めて解析すると「こんなにも強烈なことができる」ということを証明したことにもなると思います。

弘前大学COIで開発したアルゴリズムでは、健診データを入力すれば、3年以内に糖尿病などの疾病を発症する確率をAIにより予測することができます。そうしたときに「病院に行ったほうがいい」「もう1回検査に行ったほうがいい」というだけでなく、「このままいくと○○病を発症する可能性があります」「あなたのウィークポイントはこういうところです」と明確に示すことによって、行動変容を起こしてもらい、もっと気をつけようという意識を上げてもらうことができると思います。

われわれは弘前大学COIでベイジアンネットワークという手法を基に、個人レベルで疾病の発症に関わるリスク因子をネットワークで表す手法を構築しました。実は、この研究の背後には岩木健診を受けたすべての方々の全パターンを包含したネットワークがあります。

その全パターンを包含した糸玉のようなネットワークから個々のタイプを抜き出してくるという作業をしていますので、それはまさに「ChatGPT」的な作業です。私が質問したときには私の質問に対する答えを返してくれて、また別の方の、似て非なる質問に対しては、その人用にモディファイした答えが返されるというようなものです。

すでに100年以上の歴史を持つ大学教育も、「ChatGPT」の出現によって考え直さないといけなくなっています。それがまさにイノベーションであって、われわれがデータ駆動型のヘルスケアを考えたときに、同じようなインパクトを与えるようなものをめざさないといけないと思います。弘前大学COIの今後の課題は、われわれがこれまで行ってきた研究を、実際に弘前や青森の住民の方や、国民全体に利するところにまで持っていけるかというところです。

（取材日：2023年7月10日／所属・役職は当時のもの）

インタビュー⑭

オープンプラットフォームであることが最大の魅力

東京大学
医科学研究所附属
ヒトゲノム解析センター教授
井元清哉氏

2021年、2022年と、弘前ではコロナ禍で急遽、ワクチンのスタディを行いました。このときの解析は、弘前大学COIのポテンシャルを活かしたものだったと思います。弘前市の住民でワクチンを接種された方の中で、岩木健診に参加されている方をピックアップして、健康診断のデータやゲノムデータと紐づけて解析を行いました。「ワクチンによってどのくらい抗体価が上がるか?」「副反応はどうだったか?」というデータを取得すれば、ワクチン反応に対するいろいろな解析が可能になります。実は、このようにデータを利活用できるケースは多くはありません。「弘前大学COIのデータはこういうことができますよ」ということを示した非常に良い例だと思います。

今後は、健康の維持などに重要と思われるデータをピックアップして、例えば前向きコホートを組んで検証していくといったことが必要になると思います。やはり、企業も〝データを用いて提供するサービスなどの有効性を示したい〟わけですね。その作業は、岩木地区だけで行う必要もありませんし、今後、日本全国共通のプラットフォームでデータ解析を行えば、データ数が多くなりますから、企業にとってもより魅力が増すと思います。弘前大学COIのデータはオープンなプラットフォームであることが最大の魅力です。研究者、企業、健診受診者も含めてユーザーのニーズに答えるポテンシャルがあるということです。

もうひとつ、弘前大学COIがとてもいいと思うことは、私たち研究者がデータを取得する現場に参加できることです。どういう状況でデータがどのように取得されているのか、見て、聞いて、知ることができます。ここに、データを理解するために必要な学びがあります。

例えば、握力を測るときに係の人が大声でリズムをとります。掛け声をかけることで、100%近い力が出てデータのばらつきが少なくなるそうです。このようなことは実際に聞いてみないとわかりません。また、肺活量のデータは何ccという単位で出てきますが、同じ肺活量でも、早く息を吐き出せる人と、吐き出すのに時間を要する人には、その能力にかなりの違いがあるということも、現場にいるとわかります。そうすると、息を吐くスピードも測ることができる装置がないかとか……。そうやって、データ取得側もどんどん進化し、データの精度が増していきます。これが弘前大学COIの素晴らしいところですね。

私はコロナ禍で、東京オリンピックの選手村での下水調査やプロ野球球場での人流やCO_2濃度のモニタリング、Jリーグの声出し応援のシミュレーションなどを行いました。これらも現場でのデータ取りから行いましたが、弘前大学COIに参加させていただいて、現場でのデータ取得の重要性やそのノウハウを経験していたことが本当に大きかったです。

（取材日：2023年7月4日／所属・役職は当時のもの）

インタビュー⑮

東京大学大学院
情報学環准教授
上村鋼平氏

よりスピーディに連携して価値を生み出す

臨床試験や疫学研究に生物統計の人たちが関わるケースで、健康な人の母集団を分析できる機会というのは非常に少ないのが現状です。弘前大学COIでは、予防や、疾患の早期発見、早期の進行の状態に関するデータを見ることができ、そこからエビデンスを得られるということから、通常の臨床研究とはスケールが違うなと思っています。

統計学においては、基礎や理論は大事であり、ノーベル賞の影響もあり、基礎研究重視の傾向があります。一方で基礎研究を現実の社会でいかに適用するか、つまり、現社会での実践の部分をもう少し評価する仕組みと言いますか、それもきちんとした研究の1つであるという見方が重要であるということを、弘前大学COIを見ていて改めて思います。日本は、元々そういった応用や実装の側面は得意分野であり、世界と比べても十分勝負できる力を持っていると思います。弘前大学COIのプラットフォームは、まさにこれからの生物統計家の先生や、ほかの専門家の先生が活躍できる場になってくれればと期待しています。

これからの時代は、自分だけで何かすごい発見をしようというのではなく、連携が重要になってくると思います。今、大学でも医学部と工学部が連携して、互いの強みを出し合って研究をしていく医工連携が話題ですが、弘前大学COIプロジェクトが行っている産学官民連携は本当に重要です。そしてスピード感も大事です。よりスピーディに、より連携をして価値を生み出していこうという流れですね。弘前大学COIの研究には、そのスピリットがあるように感じます。

研究は研究者のためだけにあるわけではありませんので、地域住民や国民全体にきちんと恩恵がもたらされるように、例えば青森県では短命県返上につながるような成果、社会実装をめざさなければなりません。そういう意味では、近年、東京大学の研究も弘前大学COIと同様に、応用研究のほうに意識が少し向いてきているなという感覚はあります。

（取材日：2023年7月12日／所属・役職は当時のもの）

インタビュー⑯

介護認定に至るリスク因子探しの研究に活かす

名古屋大学大学院
医学系研究科 総合保健学専攻
実社会情報健康医療学 准教授
中杤昌弘氏

私が行っているバイオインフォマティクス（生命情報科学）の研究では、ゲノムデータの分析を行っています。実は遺伝的に生まれ持ってアミノ酸血中濃度が高い人や低い人がいるのではないかという疑問があり、岩木健診のゲノムデータを使って分析したところ、やはり、血中のアミノ酸濃度に強く影響する遺伝的な情報があることがわかりました。つまり、生まれ持って血中アミノ酸濃度が高い人に、「健康のためにそれを下げなさい」と指導することは酷であるということがわかりました。こういった情報がきちんとデータで証明できたことは、岩木健診のデータ解析で得られた成果の1つになります。

ほかにも、岩木健診のデータは非常に多項目のデータですので、その都度思いついたことをすぐに確認できることが面白いところだなといつも思っています。私は現在、介護認定に至るリスク因子探しの研究をほかの地域とも連携して進めています。「このようなデータが介護認定に関与していないか？」と思っても、現在は岩木健診には介護認定データがないのでその検証ができませんが、今後、介護認定の情報と岩木健診のデータを突合すれば、そういったことも後付けで検証が可能です。

岩木健診のデータは多項目で多種多彩ですから、今後、そういった情報が増えたらより一層活用できるなと思っています。

（取材日：2023年7月14日／所属・役職は当時のもの）

インタビュー⑰

東京医科歯科大学大学院
医歯学総合研究科教授
平川晃弘氏

岩木健診のデータの価値

近年、認知症の前段階であるMCI（軽度認知機能障害）の人が何年後に認知症に移行してしまうかという予測の研究が盛んに行われています。当然、この人があと3年後に認知症になるリスクが高いということがわかれば、事前にいろいろな対応策を打つことができます。まさに予測医療ですね。

そのときに、認知機能テストを実施して、その点数が低いと危ないなという判断をします。その中で代表的なMMSEと呼ばれるテストがありまして、それは岩木健診でも10年近く行っています。ただ、そういうテストは、たくさん受けたら覚えてしまいます。認知機能が下がっていたとしても、見かけ上、学習効果によって認知機能が変わっていないように見えてしまうという問題があります。

MCIの段階で、認知機能が少し低下してきた人の点数が変わらなかったり、また、少し下がったりしたときに、それが学習効果の影響があるのかないのかということを調べる必要があります。そのためには健康な人において、どれぐらい学習効果があるかということを調べておくと、それを超えて数字が動いたら、これは学習効果ではないという判断ができるわけです。そのためには健康な人のMMSEのデータが必要になります。一般的な研究で健常な人のボランティアを募ってデータを取ることもありますが、そういうテストは個人差がとても大きいので、たったの数十例ではなかなか平均的なプロファイルを精度よく推定することは難しい。

ところが岩木健診のデータはこういった面でも非常に役立っています。いろんな年代の方、また、農業従事者や会社員の方など、地域は限定されるものの、いろんな社会的背景のある健常な人の学習効果を、比較的大きなn数で調べることができます。岩木健診のデータにはこのような有用性もあります。

（取材日：2023年7月6日／所属・役職は当時のもの）

（2）社会実装・ビジネス化の具体例

弘前大学COIでは、研究結果をもとに事業化をしている事例も少なくありません。具体的に紹介していきます。

①腸内フローラ解析サービス「腸内フローラチェック プレミアム」（テクノスルガ・ラボ、ミルテル）

便から腸内フローラを解析し、腸内フローラのタイプなどの腸内環境に関する項目を利用者へ提供する「腸内細菌叢解析サービス」が開発されています。2018年にテクノスルガ・ラボが上市し、その後ミルテルと業務提携し、2021年4月よりクリニックを介したサービス「腸内フローラチェックプレミアム」にリニューアルして販売されています。さらに、2024年から、個人・企業向けの「わたしの腸活サポートチェック」の販売をはじめています。

②健康増進ソリューション「健康物語」（マルマンコンピュータサービス）

2016年に組織・団体の健康意識向上と生産性向上を支える新しいクラウドサービスとして「健康物語」が発売されました。保健師や産業医、衛生管理者の業務効率化を支援するとともに、従業員の健康増進、健康づくりを強力にサポートするサービスです。コンテンツの充実を図り、より使いやすい健康増進支援ツールとして機能を強化しています。

③内臓脂肪計測技術、スマート和食®、ホコタッチ®（花王）

花王と大阪大学医学部が共同開発した内臓脂肪計測技術は、腹部インピーダンス法を用いた医療機器により内臓脂肪蓄積を可視化し、リスクの判定や動機づけを行うサポートシステムです。腹部生体インピーダンス法を用いた機器で、CTによる腹部内臓脂肪面積との相関が高く、すでに医療機器としても許可されており、「QOL健診」に導入されています。

「スマート和食®」は食事の質を整えることにより、無理なく内臓脂肪を低減する食事法です。セミナーやカウンセリング、昼食の提供などによって健康的な食生活を実現するシステムです。「スマート和食®」は食事の質に着目することにより、過度に食事の量を減らさずに、内臓脂肪の低減を図ります。このため生活に楽に取り入れることができ、〝脱落〟が少ないのが特徴です。

「ホコタッチ®」は、加速度センサーを内蔵した専用の歩行計と、それに蓄積されたデータの結果を印刷する「ホコタッチステーション」を組み合わせた健康支援サービスです。歩数、歩行速度、消費カロリー、装着時間のデータを蓄積し、目標とともに測定結果を提示します。また、歩行の量（歩数、時間）と歩行の質（速度、歩き方）を解析して「歩行生活年齢」も表示します。

④口腔ケア・口腔状態の変化を促すSMTの集団健診への活用（ライオン）

SMT（Salivary Multi Test：多項目・短時間唾液検査）は「歯の健康」「歯ぐきの健康」「口腔清潔度」に関する唾液の6項目（むし歯菌、酸性度、緩衝能、白血球、タンパク質、アンモニア）を5分間で測定する検査システムです。SMTは主に歯科医院内で使用されていますが、短時間で口腔の健康に関する指標を測定できることから、健診当日に検査結果を受診者にフィードバックして、検査結果に基づく口腔保健指導を行うことで、口腔ケアの行動変容と口腔内の状態の改善を促すことができます。こちらも「QOL健診」に導入されています。

⑤冷え検査によるタイプ分類を活用した健康管理プログラム（クラシエ）

クラシエは万病の元とされる冷えの原因とリスクを見える化するため、冷え検査及びバイオマーカーにより冷えのタイプを分類し、さらにその他の指標マーカーを組み合わせた「冷え対応健康管理プログラム」を開発中です。冷え検査はアンケート、体温・皮膚温測定、血流測定、毛細血管計測など非侵襲検査によって構成され、健診データを加えたアルゴリズムにより、一人ひとりの「冷え」タイプに対応した効果的なQOL向上と健康増進、疾患リスクの予防を図る健康管理支援を行います。

⑥嗅覚識別テストと認知機能チェックツールとの組み合わせによる健康チェック（エーザイ）

エーザイは嗅覚識別テスト「UPSIT series」と、あたまの健康チェック「のうKNOW®」との組み合わせによる、健康チェックの有用性と独自の判断基準を検証しました。また、関連する新たなソリューションツールの有用性を探索する取り組みを実施しました。

⑦野菜摂取レベルを手のひらで〝見える化〟「ベジチェック®」（カゴメ）

「ベジチェック®」は弘前大学COIが実施する「QOL健診」に導入されています。LEDを搭載したセンサーに手のひらを当てるだけで野菜摂取レベルを推定することができる機器で、ドイツのbiozoom社と共同開発したものです。皮膚のカロテノイド量を非侵襲で測定し、野菜摂取レベル（0・1～12・0の120段階）と野菜摂取量の推定値（g：段階表示）を表示します。野菜摂取レベルと野菜摂取量推定値の算出に当たっては、皮膚のカロテノイド量を測定します。数十秒で測定が完了することから、利用者がその場で結果を見ることができます。企業や自治体の健康増進支援ツールとして、健康管理や健康診断での食事指導など、幅広く活用可能です。機器の測定値と健康との関連性を示すエビデンスの獲得は岩木健診で行い、国際学術誌『Nutrients』に掲載されています。

⑧はくことで気付きをもたらし自主的な健康管理に役立つ補正下着「歩く for Walk」（アツギ）

「はくことで健康への気付き」をもたらす体型補正効果のあるハイウエストレギンス。優れた伸縮性を備え、快適に着用でき、しっかりと身体にフィットしてシャープに体型を補正します。着用継続のモチベーションを喚起し、体重の増量を意識化させ、行動変容を促して自主的な健康管理につなげられます。

アツギでは、体型補整正下着の着用による健康への影響及び安全性について先行研究に基づき仮説を導き出しました。この仮説に基づく製品の試作のため弘前市の健康リーダーや弘前市職員の協力を得てパイロット試験を実施した後、効果検証のための調査を行いました。

⑨人生100年時代を生きる人の「ヘルスリテラシー」を高める『健康の教科書』（ベネッセコーポレーション）

弘前大学COIがこれまでの活動で得た成果を広く社会に還元していくことを目的として、健康についての基礎知識を習得し、健康的な生活習慣を実践するための具体的な方法を紹介するテキストブック。弘前大学の中路重之氏の監修で発刊されました。生活習慣病予防のメイン対象である30～50代に向けて、知識獲得と行動変容を促す内容となっています。

テキストは2部構成で、書き込み式の健康力チェックリスト、マンガ表現、クイズやワークの導入など、「楽しく学び続ける」ための工夫を盛り込んでいます。

第1部の基礎知識編では、日本と世界の「健康」の現状や、生活習慣、病気についての基本的な情報を習得でき、第2部の実践編では、生活習慣病を予防するために心がけるべき食事、運動、睡眠、口腔、喫煙について自分自身の生活の振り返りを行うことができます。この『健康の教科書』は、「QOL健診」の受診者フォローアップ研修に用いられています。

⑩減塩や食物繊維摂取への意識向上でマチを幸せに（だし活キッチン：ローソンとのコラボ）

青森県食生活改善推進員が開発したレシピに、料理研究家・浜内千波氏の知見を取り入れた減塩食である「減塩おにぎり（えんむすび）」は青森県内の「ローソン」で販売されました。「ローソン」での販売時には、減塩・食物繊維摂取の啓発POPなども掲示され、減塩に関する情報発信を実施しました。

⑪「イオンモールウォーキング」（イオンモール）

イオンモールは健康意識へのきっかけづくりを目的に地域の人が集まるショッピングモールをウォーキング会場にしました。青森県は豪雪地帯で冬季の運動場所の確保が難しいため、運動習慣づくりを促すプログラムとして「イオンモールウォーキング」を開発。歩数に応じた健康ポイントの付与や参画機関と連携した健康度測定会や健康セミナー等を実施しました。この活動は全国のイオンモールの商業施設に水平展開されました。

⑫親子健康体操

ＮＨＫの体操のお兄さんで有名なひろみちお兄さん（佐藤弘道氏）は弘前大学で医学の博士号を取得しています。弘前大学ＣＯＩは「親子で一緒に体を動かすと親の肉体面、精神面によい影響があるとともに、子どもは自主的に体を動かす時間が増える」ことを見出しました。この研究成果を基に、親子で運動をしながら健康になるプログラムを開発し、全国に普及する取り組みをしています。

（3）研究の成果

①メタボリックシンドロームと相関する腸内細菌の発見と実装化（弘前大学、東京大学、花王の共同研究）

Blautia菌が多いヒトは内臓脂肪面積が少なく、特にBlautia hansenni種は内臓脂肪面積のみならず、血圧、ＨＤＬＣ、ＨｂＡ１ｃ等が有意に相関していることを発見しました。これらの知見は、すでに学術誌に受理され掲載されています。さらに、弘前大学農学生命科学部准教授の前多隼人氏らは、Blautia菌を用いた動物試験を実施し、高脂肪食にBlautia菌の死菌を加えてC57BL6Jをマウスに投与したところ、高脂肪食群と比較して、糞便中Blautia菌の比率が多く、内臓脂肪が少ない結果が得られました。なお、この研究は「第60回日本油化学会」で報告し、また、学術誌に掲載されています。

②ホコタッチ®を用いた日常の活動と内臓脂肪の関係性（花王）

「ホコタッチ®」を用いた研究から、50歳以上では日常歩行速度が加齢とともに減少し、早く歩いている人ほど内臓脂肪が少ないことが明らかとなりました。日常歩行速度の維持・向上を行うことで、内臓脂肪蓄積を予防する可能性が高いことがわかってきました。さらに、座位行動時間が長いほど、メタボリックシンドローム関連因子の悪化と関連することがわかりました。ここに示した研究は、いずれも学術誌に掲載されました。

③内臓脂肪と認知機能との関係（花王）

認知症コホート研究である「いきいき健診」の２０１６～２０１７年に参加した２３６４人のデータを解析したところ、内臓脂肪面積が少ない群に比べて多い群は有意に認知機能の低下が認められ、同時に内臓脂肪蓄積群で脳の構造異常も認められました。この研究結果は『Brain Science』誌に掲載され、トピックスとして表紙を飾りました。

④自律神経（ファンケル）

ファンケルは自律神経に着目し、フレイルへ至る過程を研究し、その要因にアプローチできるソリューションの開発を進めてきました。主な研究成果として、「加齢に伴い低下する自律神経機能（心拍変動）とメタボリックシンドローム関連因子の関係」に関する研究成果を「第21回日本抗加齢医学会総会」で報告。また「日本の一般住民におけるQuality of Lifeと糖化マーカーの関連」に関する研究成果を「第23回糖化ストレス研究会」で報告しました。

⑤医療・社会保障経済効果（東京大学大学院薬学系研究科）

東京大学大学院薬学系研究科准教授の五十嵐中氏の研究グループは、岩木健診を受診したことによる医療費の削減効果について研究を取りまとめています。

弘前市との協定書に基づいて国民健康保険のレセプトデータ、特定保健指導健診データと、岩木健診参加者と非参加者の総医療費、脳卒中・冠動脈疾患医療費を推計・比較し、COI開始前からの疾患等に基づくリスクを調整した上で、推計・比較研究も行われています。さらに「岩木健康増進プロジェクト・健診」のデータ及び特定保健指導の健診データから算出した脳卒中・冠動脈疾患リスクスコアと医療費の関係も確認し、COIの開始による費用削減モデルを更新しています。

今後は岩木健診の健診情報と、弘前市及び青森県後期高齢者広域連合が保有する健診情報、医療費レセプト、介護費レセプト情報等を「次世代医療基盤法」の枠組みで利活用することで、介護費を含めたデータ解析を進め、研究成果を弘前市の健康施策に反映する予定です。

また、健康ソリューションに関連する非侵襲な測定技術、サービス、製品を、順次、「QOL健診」に組み込むことで社会実装を推進し、産業界も加わったエコシステムの構築をめざしています。

⑥アンチエイジング法の分子基盤の確立（弘前大学、カゴメ）

弘前大学大学院医学研究科教授の伊東健氏のグループでは、NF-E2-related factor 2（Nrf2）を介した疾患予防効果・酸化ストレス防御効果について、特に、認知症予防に関する研究に取り組んでいます。これまで、「Nrf2活性化物質含有機能性食品の認知症予防効果の疾患モデル動物での検証」「Nrf2の健康増進における役割の岩木フィールドでの検討」が実施されました。

「Nrf2活性化物質含有機能性食品の認知症予防効果の疾患モデル動物での検証」では、カゴメとの共同研究にてブロッコリースプラウト中のNrf2活性化有効成分スルフォラファンを生体内で効率よく代謝生成するミロシナーゼ素材を添加した強化型ブロッコリースプラウト（BSM）を開発しました。さらに老化促進SAMP8マウスにおいてBSMが短期・長期記憶力を改善することを明らかにするとともに、脳海馬においてミトコンドリアの活性を増強することを明らかにしました。さらに、MCIの予防介入研究「Nrf2の健康増進における役割の岩木フィールドでの検討」では、岩木地区の住民のリスク型Nrf2 SNPs保持率は14％で、これは日本人を対象とした既報と比較して最も高い割合（既報最高8％）であり、青森県の平均寿命が低い一因となっている可能性があることが示唆されました。また、加齢に伴った動脈硬化度の増加率がリスク型Nrf2 SNPs保持者では対照に比べて優位に高いことを明らかにし、Nrf2が加齢性動脈病変に対して防御的に働いていることを明らかにしました。今後もNrf2 SNPsと疾患マーカーとの関係を解析し、Nrf2の健康増進への寄与について明らかにする予定です。

⑦新しいアンチエイジング法の開発（弘前大学）

加齢により種々の疾患の発症が増加することがわかっていますが、未病の段階で高リスク者を検出し、効果的に介入することが有効です。「Nrf2予防介入に最適な疾患予兆法の開発」では、Nrf2による介入を前提に介入タイミングの検討及び疾患高リスク者の同定を行いました。加齢による疾患発症の基盤としてミトコンドリアの機能低下が重要です。Activating transcription factor 4（ATF4）は種々のミトコンドリア障害によって活性化されることが知られていますが、Nrf2がATF4と相互作用して細胞膜シスチントランスポーターなどの複数の抗酸化酵素を協調的に誘導することを明らかにし、ATF4が活性化されたときがNrf2介入のタイミングとして優れていることを提唱しました。

また、アルツハイマー型認知症に対するアンチエイジング法の開発を目的に東北大学、ヒューマン・メタボローム・テクノロジーズ社との共同出願にてアルツハイマー病の前疾患状態であるMCIの血液バイオマーカーの開発を行い、マイクロRNAをはじめとした複数のバイオマーカーを同定しました。2020年2月より運動とアンチエイジングサプリメントによる介入試験を実施しました。開始後、新型コロナウイルス感染症拡大の中、運動教室を中止し自宅運動プログラムへの変更が強いられるなどの影響がありましたが、その他は順調に遂行できました。食品による記憶力改善作用の詳細な機序解明は、実際の社会実装において大きな意味を持つことになり、将来的には、アンチエイジング商品につながることが期待されています。

⑧食習慣改善ソリューション（ハウス食品グループ本社）

岩木健診、いきいき健診、やんばる版プロジェクト健診で取得した味覚検査及びアンケートのデータを解析し、認知症やフレイル、さらにはさまざまな健康指標との関連解析を進めています。また、アプリを活用して詳細な食生活調査も実施し、味覚や健診データとの関連を解析しています。これらで培ったエビデンスに基づいて設計開発された健康に配慮したメニュー提供（内食・中食・外食）、栄養士を通じた栄養リテラシーの向上（食育・食事指導）、地域住民が主体となって健康的な食事が実現できる活動づくり（料理教室）を実現して、新しい食スタイルの提供をめざしています。

⑨健康ビッグデータを用いた疾患予兆法・予防の開発（協和発酵バイオ）

岩木健診により収集した膨大な健康情報データの中から、単一もしくは複数の血中アミノ酸及び代謝物と種々の健康指標との関連性の解析を実施し、健康指標の仮説構築や健康に資する新素材・サービス開発に取り組んでいます。

これまでに、効果的な健康改善プランを提案するための独自アルゴリズムを開発しました。この成果は、国際学術誌『Nature Communications』に掲載されるとともに、弘前大学・京都大学と3者共同で国際特許を出願しました。今後は、事業化の具体的検討に取り組む予定です。

⑩栄養バランスを整えるソリューション開発（味の素（株））

ビッグデータ解析を通して、食事を中心とした生活習慣と心身の健康状態との関連性の把握による、健康寿命延伸・ウェルビーイングにつながる仮説を構築中です。

現段階では、抑うつについて検討した結果、たんぱく質・野菜・菓子類の摂取、欠食・孤食などが関連していることがわかっています。また、教育ツールと自社製品を組み入れた行動変容プログラムのヒト介入試験を実施し、健康状態の改善の検証を進めています。

⑪メタボローム解析データを用いたバイオマーカーの探索及び検証（ヒューマン・メタボローム・テクノロジーズ）

メタボローム解析により収集したベースラインでの各代謝物濃度から、岩木健診及び他施設での健診参加者における疾患罹患情報等を用いて、将来の疾患リスク予測モデルの構築を進めています。

⑫疾病負担推計と費用対効果評価モデルの作成（東京大学大学院薬学系研究科）

岩木健診の費用対効果（医療経済効果）評価モデルの構築を進め、評価結果を定量的に明らかにすることで、医療費の削減を可視化することに取り組んでいます。弘前市からレセプトデータの提供を受け、政府統計に基づく推計費用ではなく、弘前市で実際に使用された医療資源量に基づく、実際の財政影響の推計を実現することをめざしています。また、「QOL健診」についても、併存疾患及び受診者・未受診者間のリスクとの関係性の予測推計を試み、その結果に基づく費用対効果推計に取り組んでいます。

⑬広範な保健医療福祉情報の安全かつ適正な利活用方法の開発及び実装・運用（ICI）

弘前市が保有する特定健診、医療レセプト及び介護レセプトデータ等を対象として、次世代医療基盤法に基づく医療情報の取得、匿名加工、研究機関（弘前大学及び東京大学大学院薬学研究科）への提供を行っています。また、弘前大学が管理する岩木健診、「QOL健診」のデータについて、データ管理方法と安全管理措置について助言を行い、データ管理のICIへの一部委託の可能性について検討を進めています。さらに、COI健康・医療データ連携推進機構の研究機関が蓄積するデータの管理方法及び安全管理措置についての助言を行っています。

ほかにも次のような研究が進められています。

＊脳疾患と生活習慣病におけるオミックス解析技術を利用した解析ツールの開発

＊生活活動データの収集
＊疾患予兆バイオマーカーの開発
＊ビッグデータを用いた水分と健康の関係解析
＊婦人科疾患とエクオールとの関係解析
＊生活習慣病・認知症・睡眠・ストレス・運動機能等の要因について栄養成分の探索
＊身体運動特徴と健診項目との関連性分析
＊健康情報データ及び食習慣との関連分析から得られた結果を活用した新規追跡調査
＊味覚と健康状態の関係性解析
＊未病予測モデルの開発
＊健康と栄養・暮らし向きの関係解析
＊アミノ酸を中心とする代謝産物によるデジタルリスクスクリーニングの確立
＊健康寿命に関わる将来の指数変化の確認
＊かぜ・疲労・毛髪領域の症状における生体関連因子の関係性解明
＊呼気中揮発性有機化合物の網羅的解析による健康指標の探索
＊医薬品の服用及び健康食品の摂取と健康状態との関係性解析
＊尿中エクソソーム解析による健康指標の探索
＊食生活と消化器系の免疫系恒常性維持との関係性解析

＊岩木地区住民における腸内細菌叢メタゲノム解析及びこれに基づく疾患予兆法と予防法

⑷ＱＯＬ健診

２００８年から国民の40歳から74歳を対象としてメタボリックシンドロームに該当する人やその予備軍を減少させるために特定健康診査（以下、特定健診）が始まりました。生活習慣病の治療が必要な人に受診勧奨を行い、疾病発症リスクが高い人を早期発見して、保健指導での生活習慣改善（行動変容）を図ることが狙いでした。しかし、２０２１年で受診率は56・5％であり、特定保健指導が必要な人のうちそれを受けた人は24・６％にとどまっています。また、自治体や企業の保健事業を長期間にわたって継続していくことの負担は大きく、現実的に難しい状況です。

そこで弘前大学ＣＯＩでは、非感染症疾患による早世を減少させるために0次予防として楽しく「測り」、その場で結果を「知って」人々のヘルスリテラシーの向上を図り、生活習慣行動を「変容」させる新たな健康診査を開発しました。それが「ＱＯＬ健診」です。手軽に「ＱＯＬ健診」を受けることによって、人々の健康に関する適切な予測と、疾患予防・改善のための適切な介入が可能となり、個人に最適な健康づくりを提供するプレシジョン・ヘルスケアが実現されると考えます。

すでに、岩木健診の健診項目数を減らしても、「ＱＯＬ健診」項目のみでおおむね予測性能を確保できることは確認できています。現在は、それでも予測精度が下がる疾患について、精度回復に必要最小限の項目を探索中です。

「QOL健診」は、健康・生活習慣調査及び定期健診の血液検査結果等を事前情報とし、メタボ（血圧、体組成、内臓脂肪、皮膚カロテノイド）、ロコモ（骨密度、握力、立ち上がり、2ステップ）、口腔（唾液検査）、メンタル（うつ病自己評価）の重要4テーマの非侵襲検査による健診です。健診後にその場で、日常の生活習慣とその結果とも言える健診結果を解説し、気づきを与えるとともに具体的な健康づくりの方法を提案します（図表⑥）。

図表⑥ QOL健診の3大特徴

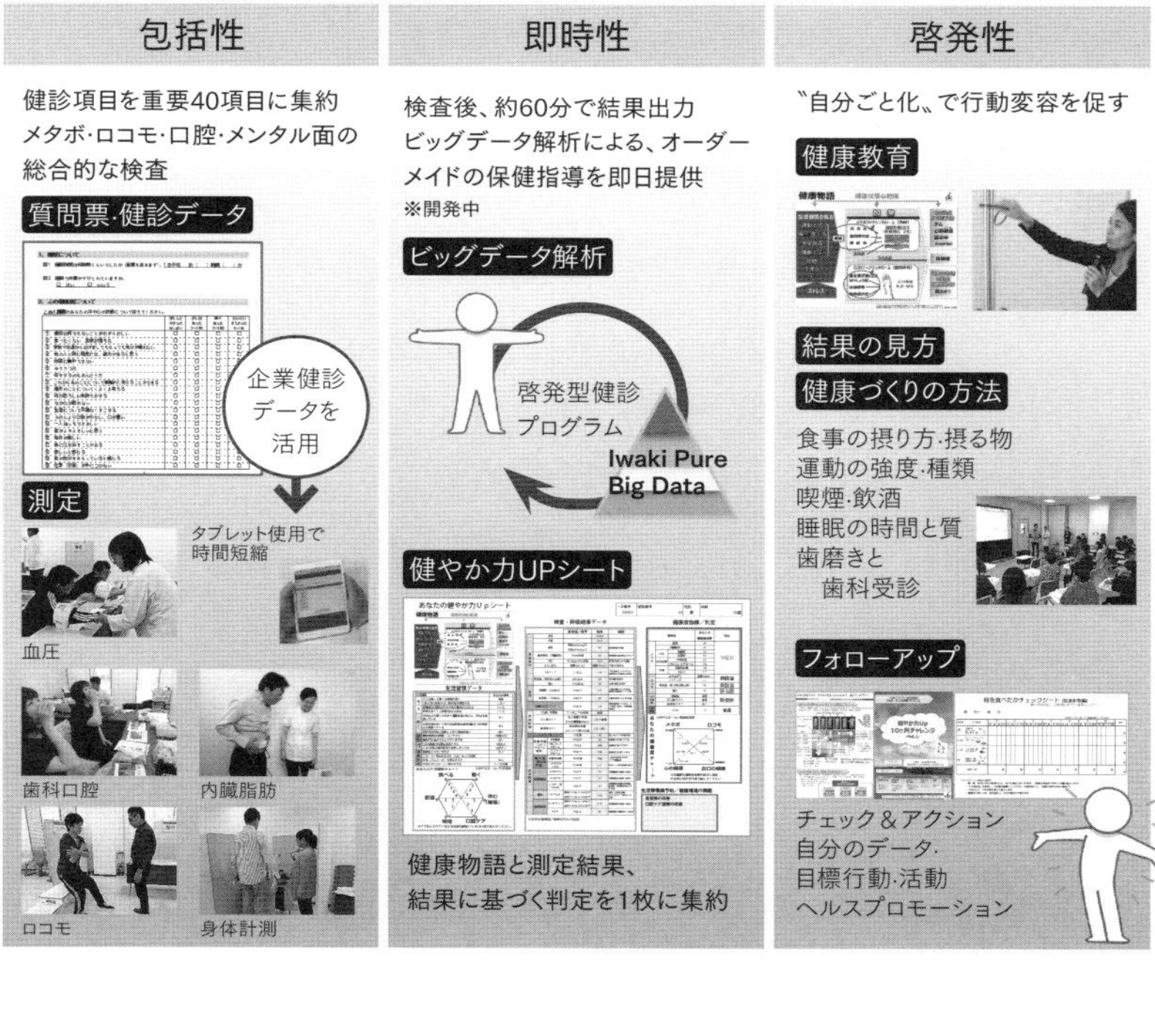

青森県医師会「健やか力推進センター」が主体となり、「ＱＯＬ健診」の運営とその担い手となる地域住民の「健康リーダー」、有資格者の「結果説明者」の育成をしています。弘前大学大学院医学研究科「健康未来イノベーションセンター」及び「健康・医療データサイエンス研究センター」が、「岩木健康増進プロジェクト・健診」のビッグデータ解析に基づくプログラムを提供しています。

超高齢社会における社会保障費用の増大は、国家課題であり、特に医療費の抑制は不可欠です。特定健診の課題は、健診受診率及びその後の保健指導実施率が増加しないことです。これに対して「ＱＯＬ健診」は、受診者の負担が少なく、楽しく生活習慣病の発症を防ぎ、そ

図表⑦ QOL健診受診者数推移（2019年度〜2023年度）

年度	実施団体数	実施人数
2019	5	463
2020	3	292
2021	21	907
2022	41	2427
2023	63	4297
合計	133	8386

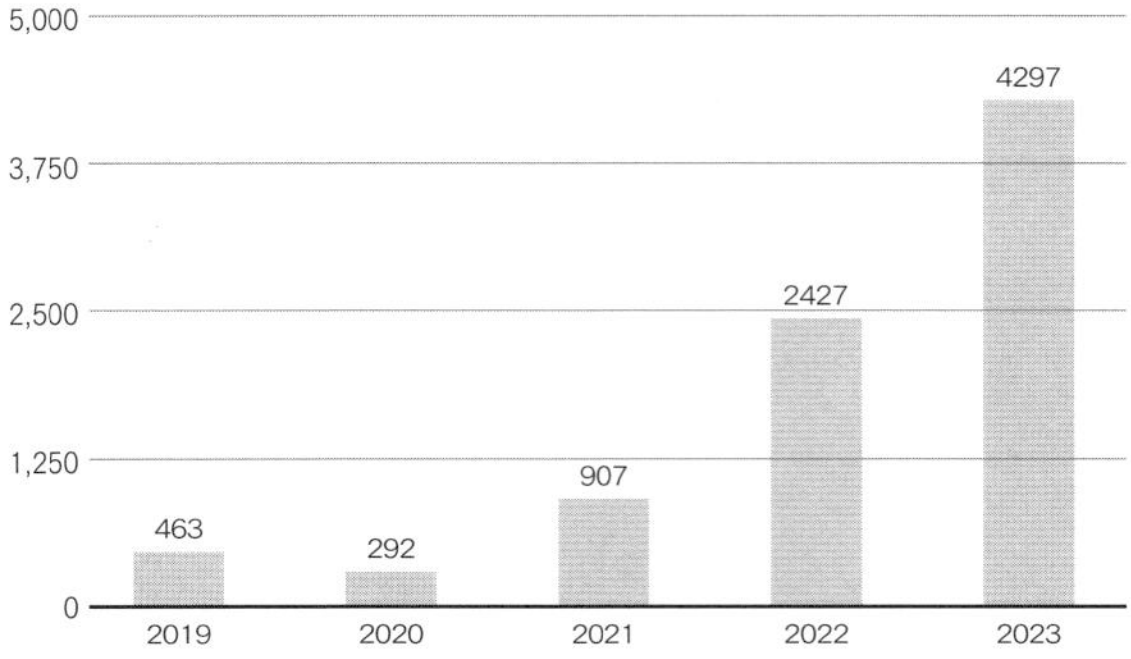

の結果として医療費の抑制につながることが期待されています。また「ＱＯＬ健診」は安価な健診項目で実施できるため特定健診に要する医療費の削減に貢献するとともに、付随する健康教育や新たなヘルスケア産業（機能性食品、ヘルスプロモーションサービス等）の創出が期待されています。２０２１年以降、実施団体数・実施人数は増えており、２０２４年末時点で延べ１９３団体、１万２７７９人が受診しています（**図表⑦**）。

「ＱＯＬ健診」プログラムは２０１９年に国際協力機構（ＪＩＣＡ）の草の根協力支援事業として採択され、経済成長が著しいベトナムにて生活習慣病の一次予防施策として提供されています。２０２０〜２０２２年度は新型コロナウイルス感染症拡大に伴い実施を順延しましたが、パンデミック下でも現地との連携を継続し、２０２３年より本格展開を開始。現地医療従事者向け「ＱＯＬ健診」研修（８人）及び現地企業従業員に対し「ＱＯＬ健診」（２０２３年90人）を実施しています（**下写真**）。２０２３年にはフィジーにおいても「ＱＯＬ健診」を紹介し、アジアの発展途上国への展開を図っています。

(5)共同研究講座

弘前大学COIにおける民間資金は、企業との共同研究講座による経費受け入れがその大部分を占めています。プラットフォームを利用した健康情報の取得と健康ビッグデータを利用した研究開発の実施希望に応じて、2016年度に弘前大学内に「共同研究講座」の制度が整備されました。この制度を活用することによって、企業からの民間投資を積極的に推進することが可能となり、2024年時点で24の共同研究講座が設置され、年間5億円超の民間資金が大学に入ってきています。また、研究成果導出の加速、参画機関間の連携や協働の促進、新たな研究テーマの創出にもつながっています。

大半の企業がCOI－NEXTに参画しており、さらに新たに共同研究講座の設置を表明している企業もあります。

(6)健康未来イノベーションセンター(拠点施設)

2016年12月、弘前大学は文部科学省の「地域科学技術実証拠点整備事業」全国22拠点の一つに採択されました。同事業は文部科学省が地方創生を目的に、産学官が連携する施設整備を支援するものです。2017年2月、弘前大学は健康増進機能を集約した全学組織として「健康未来イノベーションセンター」を創設しました。2018年3月には同センター名を冠した拠点施設を医学部キャンパス内に新設しました。県や市、企業などのCOI参画機関が一堂に会した健康づくり拠点であり、ビジネスを創出する場として活用されています。

「健康未来イノベーションセンター」の1階産学官民交流フロアは、健診と啓発を即日で行う「QOL健診」の開発・実証を行うとともに、住民参加型の健康づくり施設となっています。2階のイノベーション創出フロアは、参画機関の研究者が使用するオープンラボや、最新の分析機器を備えた解析ルームがあり、学内外の研究者の姿が絶えないエリアとなっています。

(7)高齢者対応

弘前大学は高齢者が認知症の発症後も日常生活・社会生活を維持できるような地域包括的な見守りシステムの構築なども進めています。医療・福祉領域で広く浸透しつつある「意思決定支援」の理論や実践スキルを活用し、高齢者本人の自律的な活動の継続をサポートしたい考えです。

インタビュー⑱

認知症患者の「地域に貢献したい」気持ちを活かしたい

京都府立医科大学大学院
医学研究科精神機能病態学教授
成本 迅 氏

京丹後コホートを立ち上げるときには、岩木健診を参考に基本的な検査項目は同じにしてあります。

アカデミアの研究は狭い範囲に落ち込みがちというか、実際の社会とずれたものになってしまいがちです。企業と一緒にやってみて、社会で実際に実装してもらうためにはこういうデータが必要であるというような、気づきや重要性みたいなものを学ぶことができたのは弘前大学COIのおかげです。

私は老年精神医学が専門です。それを社会に活かそうとすると社会課題の解決という意味では社会学的な側面も必要だと思います。岩木健診では、認知機能や孤独、うつ傾向などの社会学的な調査も行われており、地域で暮らす高齢者のあらゆるケースを想定しています。

同じ日本の中にあっても寿命というわかりやすい指標で京丹後と弘前の2つの地域を比べることで、良い点、悪い点が浮かび上がってくるのではないかと思います。

一人ひとりの多項目の深いデータがあるということで、そういった日本全国の地域での地域間格差を調べられる可能性がでてきます。

認知症になったとしても住民の1人として地域に貢献したい気持ちがある方もいますので、そういう気持ちを活かせるような仕組みができたらいいなと考えています。これはおそらくどこでもできていません。〝世界初〟をぜひ実現したいですね。

もともと私たちは、法律家の先生方と連携してやってきました。例えば認知症になられた方の個人情報やデータの取り扱いの規則などの面です。今後、DXの進展に伴ってわれわれの想像もしていないような情報の活用法が生まれてくる可能性もあると思います。私たちの役割としては、そういったものの基盤づくりみたいなことができたらいいなと思っています。

情報弱者に対する情報提供など、情報の活用に関する支援が具体像です。経済活動や金銭管理ができなくなった高齢者のこれまで形成されてきた資産をうまく活用しながら、その人が生活を送れるようにするため、どういった支援が必要なのか。認知機能の低下が進行すると、成年後見制度や、生活保護などの支援があるものの、家族がいない場合は誰も支援してくれないとの現実もあります。このようなことを解決していく必要があると思っています。

（取材日：2023年6月23日／所属・役職は当時のもの）

(8)社会実装

社会実装とは、研究開発によって得られた知識・技術・製品・サービスを、実社会で活用することを意味します。しかしそれら知識・技術・製品・サービスを広く社会に浸透させるにはさまざまなハードルがあります。

弘前大学ＣＯＩのさまざまな成果が広く社会実装された際の社会的・経済的インパクトは大きいと考えられますが、その効果も含めて検証した上で健康長寿社会へとつなげる必要があります。

インタビュー⑲

東京大学大学院
薬学系研究科客員准教授
五十嵐 中 氏

岩木健診受診者は非受診者よりも医療・介護費が約30万円低い

ヘルスケア関連の施策を続けるためには、医療関係者以外の人に理解してもらわないと続かないという現実があります。関係者以外の方が実はお財布を握っている場合も多く、「このような病気の患者さんが何人減りました」と説明しても、通常は「あっ、そうですか」で終わってしまうことが多い。そこで、岩木健診のデータと弘前市のさまざまなデータをリンクさせることで、健康面に加えて、誰にでも理解できる「オカネ」の軸からも健診のメリットを可視化することをめざしています。リンクさせるデータは、医療費だけではありません。認知症ならば介護の、新型コロナならばワクチンのデータが必須です。次世代医療基盤法の枠組みで、医療・介護・健診・ワクチンの情報を幅広く統合した弘前発データベースを構築できました。まず、岩木健診の参加者とそれ以外の人の医療費・介護費を比較すると、大きな差があることが見えました。

岩木健診の参加者は、会場に来られるくらい「元気」な人です。このような参加者と非参加者の元々の特性の違いを調整しつつ、同じような健康状態のもとで健診を受けた人・受けなかった人を抽出・比較しました。5年間の医療費と介護費でみると、受けた人のほうが約30万円低額になっていました。健診・医療・介護のデータを弘前発で統合できたからこそ可能になった、弘前オリジナルの成果です。

昨今、ソーシャルインパクトボンド（SIB）やPFS（Pay for success）が取り上げられています。あるプログラムを取り入れたらみんなが健康になり、結果として医療費が削減され、その浮いた分を次のプロジェクトに回してゆくような、「そんなにうまくいくのか？」といった計画が少なくありません。影響度を評価するのが大事ですが、それができていないケースが多々あります。

弘前発のSIB・PFSの強みは、根拠に乏しい大風呂敷を広げるのではなく、QOLや医療費削減、well-beingに至るまで、実際にデータを取得・分析できる体制がすでに整っていることです。

青森県のほかの自治体も、弘前市のようなスキームができると、あと5年くらいあれば少なくとも平均寿命の最下位は脱出できるとは思っています。

（取材日：2023年7月31日／所属・役職は当時のもの）

第3章

国立大学法人
弘前大学

スローガンは「世界に発信し、地域と共に創造する」

第3章では弘前大学についてご紹介します。弘前大学は、１９４９年に弘前高等学校に青森師範学校、青森青年師範学校、青森医学専門学校、弘前医科大学を統合してできた国立大学です。ちなみに新制大学としての設置は１９４９年ですが、母体となった各校の起源まで遡ると実に約１５０年の伝統を誇ります。

弘前大学医学部の前身である旧制弘前医科大学は、１９４８年に戦前からの医専から旧制医科大学に昇格した、いわゆる新8医大の一つで、東北地方では東北大学医学部に次ぐ国立の医学部です。また国立大学で最初に医学部の医局制度廃止を打ち出したことでも有名です。

創立時から県庁所在地に本部やキャンパスを置かない大学ですが、これは前身である弘前高等学校と弘前医科大学が津軽藩の城下町にあり、陸軍の第8師団の司令部があったことによります。明治期の東北旧陸軍師団は、仙台の第2師団と弘前の第8師団の2つしかありませんでした。弘前は当時の北東北の中心都市でもありました。

弘前大学の発足当初は文理学部・教育学部・医学部の3学部でしたが、２０２２年5月時点で

5学部（人文社会科学部・教育学部・医学部・理工学部・農学生命科学部）、9つの大学院研究科、2つの付属研究所等を設置する総合大学として、北海道・東北地方を中心に全国から学生が集まり、今では入学者の半数以上が県外からとなっています。

国立総合大学でありながら、その名称に都道府県名も都道府県庁所在地名も、さらに地方名も冠さない唯一の大学です。

弘前大学は教育基本法の精神にのっとり、広く知識を授け、深く専門の学芸を教授研究し、知的、道徳的及び応用的能力を展開させ、人類文化に貢献しうる教養識見を備えた人格者の育成を目的としています。

「世界に発信し、地域と共に創造する」をモットーに、総合大学の機能と特徴を最大限に活用し、地域社会と密接に連携しながら、グローバルな視点に立った教育並びに基礎的、応用的、学際的研究を推進しています。その創造的成果をもって、地域社会、国際社会に寄与することを基本理念としています。

「Society5.0」で実現する社会では、共感力や対話力、創造力がより重要視されてきます。このような基礎力に加え、文理横断的な知を備えた、国際社会の変革や地域創生に臨機に対応できる人材の育成をめざし、教育改革を推進しています。

「岩木健康増進プロジェクト・健診」やCOIなどへのチャレンジやその成功は、まさにこういった礎に支えられているのではないでしょうか。

弘前大学の「強み」と教育改革

弘前大学は、地域の「強み」でもある再生可能エネルギーと環境、被ばく医療及び食の4テーマを大学としての重点分野に位置づけ、教育研究と地域連携を推進してきました。第3期中期目標期間では、地域の特性に着目した研究成果に基づいたイノベーションの創出が実現したほか、教育研究、国際化及び管理運営面においても確実な成果を上げています。

第4期中期目標期間においても、地域のニーズや国の政策を的確に踏まえつつ、これまで積み重ねてきた同大学の「強み」にさらなる価値を創造することで、より一層地域の活性化に寄与し、地域社会全体の持続的発展を牽引することを基本方針としています。

新型コロナウイルス感染症を契機に起こった大きな社会変動を受け、地方創生の中核として、同大学の特色ある世界水準の研究力を基盤とした社会変革・地域創生を先導するイノベーションの創出と人材育成及び研究開発を推進しています。

また、地域の「知」の拠点である同大学のさらなる発展をめざして、「特色ある地方国立大学」への転換を加速させています。そのために必要な教育・研究組織の再編・機能強化に加え、少子化に向けた入試改革、学修者本位の教育改革及びポストコロナ時代の新たな国際化を推進しています。

さらに、少子高齢化が進む地域の医療過疎の問題は地方創生を妨げる重要な課題でもあることから、高齢化が顕著な青森県において地域医療を担う同大学が主体となって、各自治体と連携し、地方創生の基盤となる持続可能な新たな地域医療提供体制の構築をめざします。地域課題の解決や社会実装に役立つ教育や研究を通じて、地域を牽引する人材を育成し、地域定着を推進するとともに、イノベーション創出に取り組んでいます。「地域を支え、地域から支えられる大学※」として、これまで培ってきた大学、自治体、産業界等との連携基盤をより一層強固なものとし、地域貢献を推進していくために、弘前大学が先導し中核的な役割を果たすことにより、地域の活性化や地方創生を実現していく考えです。

一方で、国際的レベルの研究、新領域を開拓する基礎的研究、地域を守り育てる研究を推進しています。その中で、特に若手・女性研究者の支援、競争的研究資金の獲得、知的財産の創出と活用、国際共同研究の促進や人材育成の視点に基づく研究力を強化しています。また、研究分野としては、環境・エネルギー・放射線、食・自然、健康寿命延伸、地域力向上、文化資源の活用を重要なテーマと位置づけ、研究の推進を図っています。

国際化は高等教育機関である大学にとって不可欠な要素です。「攻めの農林水産業」を展開する青森県においても、農林水産品の輸出拡大を図っていく上でグローバルな視点を備える人材を

※2025年1月、文部科学省・日本学術振興会「地域中核・特色ある研究大学強化促進事業（J-PEAKS）」の拠点として採択されました。

求めており、地域とともに歩む同大学においてもそのような人材の育成は重要な課題となっています。そこで海外協定校への双方向の留学等（国際交流）に加え、オンラインを活用した国際的な教育研究の連携と環境整備を行い、ポストコロナ時代に対応した国際化の質的変換を図るとともに、地域と連動した取り組みを推進しています。

学内では、学修者本位の教育の原点に基づき、教学インスティテューショナルリサーチ（教育・研究・社会貢献活動及び経営戦略の立案、意思決定等をサポートするために行われる作業の総称）の積極的活用、数理・データサイエンス教育の全学導入などを進め、ファカルティディベロップメント（教員が授業内容・方法を改善し向上させるための組織的な取り組みの総称）の充実と学生の学修成果の可視化を図るほか、学生への各種支援を強化しています。また、入試結果に基づいた入学者選抜方法などを検証するとともに、入試広報の充実によって多様な人材の確保にも努めています。

インタビュー⑳　弘前大学学長

地域中核大学としての役割

福田眞作 氏

学長に就任して4年目になります。もとは弘前大学の医学部に在籍しており、診療や研究をしてきました。その後、弘前大学医学部附属病院の病院長時代に弘前大学学長特別補佐となりました。そのとき、医学部以外の農学生命科学部や理工学部、教育学部などほかの学部の研究を拝見し、本学にはこれほどまで多くの、そして優れた研究をしている研究者がたくさんいるんだなということを知り、驚きました。

本学は、健康や環境、食料、それから近くに原子力発電所（東通原子力発電所、大間原子力発電所他関連施設）がありますので、その関連の研究など地域と関係した研究が多いことが非常に魅力的ではないかと思います。

例えば自然エネルギーでは、青森県の発電量は国内最大規模です。また、本州の最北端にあり、三方が海に囲まれ自然豊かですので、本学も関係しているサーモンの養殖はこちらも国内有数だと思いますし、漁業でもまだまだ多くの可能性を秘めています。まさに地域貢献において中核的な役割を担ってきている大学の1つではないかと思います。

実は、私も岩木健診を立ち上げたときのメンバーの1人で、中路重之先生は同じ教室の2つ上の先輩です。中路先生は社会医学講座（当時は公衆衛生学講座）の教授になられて、その後も一緒に仕事をしてきました。そして中路先生が岩木健診をスタートさせたときも、私も当然参加させていただきました。

岩木健診が始まった当初は、「こんな雑多なデータを集めてどうするのだろうか」という懐疑的な意見が多かったような気がします。青森県の短命県返上という大きな信念のもと、理想をもってスタートしたのですが、そのために必要なデータが何なのかは、当時は誰にもわかりませんでした。

それでもめげずに中路先生がコツコツとデータを集められました。分析すると、それまであまり関係ないと思われていたデータとデータがつながりを見せたりしてきました。おそらく文部科学省はじめ関係省庁の皆さんは、この辺を注目されて支援していただいたのだと思います。

弘前大学COIが10年のご支援をいただきプロジェクト期間を終了し、次のCOI－NEXTにも採択されたことで、私の学長としてのミッションを一つ実現できたかなと思っています。今後はCOI‐NEXTの取り組みをさらに大きくし、日本だけではなく世界の健康に貢献するような研究結果を出していくこと、そして青森県の短命県返上をぜひ、次の

10年間で達成できるよう期待しています。

岩木健診の受診は平均で5時間以上かかるのですが、健康な人があれだけ多く集まるのは驚嘆に値します。都会ではできないことだと思います。それができたのは、比較的こぢんまりとした地域であったことと、研究者がフィールドに自分から出向いて、「こういうことをしたい」ということを自治体や地域の方々に訴えかけて、それを地域の方々に理解・納得していただいたからだと思います。まさに「地方大学だからこそできた」と言えるでしょう。

現在、多くの企業に共同研究講座として本学の取り組みに加わっていただいていますが、彼らの目は間違いなく世界にも向いています。そういった意味でも、企業の力もお借りしながら、全世界に向けて健康に関する取り組みをアピールしていくことが大事ではないかと思います。

健康な人は健康のことを考えません。そこが、今回の弘前大学COIのカギにもなります。健康な人のデータを集めて、「将来はこういった病気になるかもしれない」というリスクを提示できる可能性が出てきたことはすごいことだと思います。

これからデジタル技術を使って健康度を計測できる機械や機器がたくさん開発されていくことは間違いありません。こういったものも併用しながら、「健康に対する意識」を青森県だけではなくて全国に広げていくことができるのではないかと思います。この取り組みが5年後、10年後に青森県の短命県返上につながれば、「こういった取り組みをすれば健康寿命が改善していく」ということを、生の姿として見せることができると思います。文部科学省もそこに期待してくれているのではないかと思います。

もう一つ、喫緊の課題は生活習慣病に起因する病気の早期発見、早期治療です。これによって亡くなる人を減らせば寿命は延びます。私が学長になってから、青森県に働きかけて、がん検診を普及させて、生活習慣病関連で亡くなる人を減らしましょうという活動をしています。実は、生活習慣を改善するための取り組みを継続していくと、将来的には心臓疾患やがんが減ることは医者の立場で見てもほぼ間違いない。

最近、「QOL健診」の価値を理解していただく自治体がどんどん増えてきています。現在、青森県の各自治体と包括連携協定の締結を進めており、その中には当然、健康に関する条項もあります。連携協定を結んだ自治体には「QOL健診」をどんどん取り入れていただくように働きかけを行っています。

岩木健診でいろいろな健康データを集めることはこれからも継続しながら、一方で青森県全体に「QOL健診」を広めていくことも同時に行うことで、当然そこからもデータが集まってきます。健康データがより充実していくことになると思います。

（取材日：2023年6月6日／所属・役職は当時のもの）

現役の弘前大学医学部生が開業した「医カフェ」

弘前市にある「医Café SUP?」は、現役の弘前大学医学部生5人が「地域と医療現場の架け橋となりたい」との思いから開業したものです。

医学生が地域の方々と気軽に医療について語れる場所――がコンセプトです。

「医Café SUP?」があるのは青森県弘前市親方町で、弘前大学医学部と弘前の中心街である土手町・鍛冶町のちょうど中間地点に位置しています。医療系学生と地域の人々がアクセスしやすい場所です。

「医Café SUP?」は約50㎡。営業時間は金曜日20時半〜24時、土・日曜日・祝日は11時〜14時、20時〜24時。コーヒー、デカフェ（ノンカフェインコーヒー）、アルコールフリーのカクテルを提供しています。

「医Café SUP?」の「sup?」は「what's up?」の省略形で、若者がよく使うスラング。「やあ、元気？」と挨拶するような感覚でお店に来てほしい、そんな想いを込めてこの店名にしたそうです。

運営するのは医学部生5人が設立したNPO法人CoCo-Cam（ココキャン）。「医Café SUP?」のほかに医療について市民に知ってもらうための「記事メディア」と、医療関係者や学生による学習会

「総合診療企画」も開催しています。

インタビュー㉑

弘前大学医学部4年
NPO法人
CoCo-Cam代表
佐々木慎一朗氏

医学生の自分たちが地域のためにできること

勉強サークルで知り合った5人が、「まだ医師でもない自分たちが地域のためにできることは何か?」を話し合ったところ、病院へ行く前に相談できる場所、健康相談や医療のことなどをカジュアルに話すことができる場所をつくってみようとなりました。クラウドファンディングで資金を集めて「医Café SUP?」をつくりました。

〝ヒト・モノ・カネ〟を巻き込むことはすごく重要だと思いますが、単にお金だけ、人だけでは物事は動かないと思います。

弘前大学COIの社会実装のプレーヤーとして、自分たちが地域の皆さんと具体的なコミュニケーションを取る、その一番初めの役割を担えればと思っています。カフェとして、NPO法人として、多くの企画や子ども支援などにも取り組んでおり、いろんな面から僕たちが社会実装の機能を果たせればなと思っています。
健康づくりにおいて、子ども、そして若者の行動変容は重要なファクターです。例えば青森県は子どもの肥満率が高い。子どもが親に及ぼす効果や家族の中での若者の役割を考えたときに、若い世代の果たす役割はこれから増えると思います。また、少子高齢化で子どもは少なくなっています。そういうことを子どものうちから考えなければならない責任感のようなものは、当団体も持っていますし、今の学生は社会的意義をよく考えるようになっていると思います。全世代アプローチは本当に大切で、若い世代が活躍する場は多いと感じています。

（取材日：2023年6月6日／所属・役職は当時のもの）

第4章

座談会
産学官が融合する
日本のヘルスケアの未来

味の素（株）取締役代表執行役副社長
CIO研究開発統括の
白神浩氏

花王（株）常務執行役員
研究開発部門統括の
久保英明氏

カゴメ（株）執行役員
イノベーション本部長の
上田宏幸氏

（株）ディー・エヌ・エー
グループエグゼクティブ
ヘルスケア事業本部本部長の
瀬川翔氏

明治安田生命保険相互会社取締役
代表執行役副社長
ＤＸ・ヘルスケア推進担当の
牧野真也氏

弘前大学学長特別補佐／
健康未来イノベーション研究機構長・
教授の村下公一氏

●出席者

味の素(株)　取締役代表執行役副社長　CIO研究開発統括　**白神 浩氏**

花王(株)　常務執行役員　研究開発部門統括　**久保 英明氏**

カゴメ(株)　執行役員　イノベーション本部長　**上田 宏幸氏**

(株)ディー・エヌ・エー　グループエグゼクティブ　ヘルスケア事業本部本部長　**瀬川 翔氏**

明治安田生命保険相互会社　取締役代表執行役副社長　DX・ヘルスケア推進担当　**牧野 真也氏**

●モデレーター

弘前大学　学長特別補佐／健康未来イノベーション研究機構長・教授　**村下 公一**

弘前大学COIの大きな特徴の1つは、日本を代表する各分野の企業が「岩木健康増進プロジェクト・健診」(岩木健診)と弘前大学との共同研究に積極的に参加していることです。2024年の時点で実に24もの共同研究講座が開設され、岩木健診のデータ分析をもとにさまざまな研究を行っています。第4章では2023年7月7日に行われた座談会「産学官が融合する日本のヘルスケアの未来」を収録します。

企業が弘前大学COIに参画する理由

村下　今回、弘前大学COIに参加いただいている主要企業さんの代表の方々が一堂に会してお話ができる機会は初めてだと思います。非常に貴重な機会だなと思っておりますし、改めてお礼申し上げます。

本学は2023年に文部科学省・国立研究開発法人科学技術振興機構（JST）による「共創の場形成支援プログラム（COI-NEXT）」に採択されました。弘前大学COI-NEXTでは「ウェルビーイング（well-being）」というコンセプトのもと、若者を含めた「全世代アプローチ」という基軸を打ち出しました。さらに「経済発展モデルの創造」というキーワードも掲げて、これまで弘前大学COIで行ってきた社会実装をブラッシュアップして、事業化をかなり強く意識した内容になっています。

経済的な意味での持続性を維持することは非常に重要で、ぜひ弘前大学COI-NEXTにご参加いただいている企業各社が、これを機によいビジネスをつくり上げていただくことを大変期待しています。本日は、弘前大学COIに参加されている企業を代表して5社の皆さんからそれぞれの弘前大学COIに対する想いや期待などを聞きたいと思っています。それでは、まずカゴメさんからお話をお聞かせいただけますか。

上田　カゴメは弘前大学COIの時代から参画させていただいています。参画した1つ目の理由は、やはり岩木健診で収集している精度の高い幅広いデータが一気に取れるということです。これはとても一企業ではできませんし、非常に魅力的です。

われわれは企業として「野菜摂取の推進」の新たな価値を見出そうとしています。昔から「野菜は健康にいい」と言われていましたが、なぜいいのかは科学的にわかりませんでした。これが弘前大学COIで行われている最先端の科学で改めて立証され、見直されることは大変価値があると思います。

参画理由の2つ目は、今も続いていますが、弘前大学COIに参画する前にすでに弘前大学の伊東健先生と「野菜と認知症の研究」を行っていたということ、そして3つ目は中路重之先生や高橋識志先生といった研究熱心な先生方の熱意に圧倒されたことですね（笑）。研究は主観が非常に大事で、人とのネットワークや熱意でドライブしていきます。イノベーションがまさにそうですが、これが弘前大学COIにあったということだと思います。

村下　これまではどんな研究成果が出ていますか。

上田　おかげさまでいろいろ興味深い研究結果が出ています。また「ベジチェック®」のデータに基づく研究成果に加えて、弘前大学COI以外でも明治安田生命さまに本社でお使いいただいているなど社会実装が進んでいます。さらに実際に「ベジチェック®」のレンタルビジネスとして回っている部分もありますし、「QOL健診」の項目にも入っておりますので、これからも取り組みを継続していくことが大事だと思っています。

カゴメにとっては研究推進とエビデンス取得、そしてエビデンスをベースにした社会実装を進めることによって国民のヘルスケアへ貢献し、なおかつマネタイズできる部分も加速していくことが大事だと思っています。そこがこの研究の社会に対するアウトプットかなというふうに思っています。

村下　カゴメさんといえば「ベジチェック®」ですね。現在、「QOL健診」でも大活躍していますし、10年前と比べて世間的にもかなり認知される存在になってきたことは、われわれ弘前大学としても非常に嬉しく感じています。続いて花王さんはいかがでしょうか。

久保　花王が参画したポイントは、岩木健診の健康ビッグデータです。世界でも類を見ないレベルの健康ビッグデータを有していることが魅力的でした。花王はメタボリックシンドロームの予防をめざして内臓脂肪を長年研究してきましたが、岩木健診にも内臓脂肪計測機器をつくって持ち込んでいます。この内臓脂肪のデータと3000項目×1000人×19年間のビッグデータを解析し、内臓脂肪の医学的な意義や、そこから出てくる新しい健診項目や課題を探索するという目的で弘前大学COIに参画しています。

この数年で、多くの先生方のご指導により、認知機能と内臓脂肪の関係や感染症と内臓脂肪の関係などで成果が出てきました。さらに、歩行速度と内臓脂肪の関係では、歩く速度が速い人ほど内臓脂肪がつきにくいという結果も明らかになっています。直近では、内臓脂肪と腸内細菌の関係を調べた研究では、内臓脂肪の蓄積に関係の深い腸内細菌を発見しました。この研究は、トップジャーナルにも投稿できましたし、素晴らしい成果だと思います。

村下　そうですね。花王さんは積極的に論文投稿も行っていますね。

久保　もう一つの参画理由は人材育成です。今の時代、いわゆるデータ主導型のアプローチが非常に重視されており、企業としての意思決定や政策決定にもデータの活用が求められます。データサイエンスの時代が本格的に到来した中で、ヒトにまつわる本質的な研究を進めていく上で、どうしてもデータサイエンティストの社内育成が欠かせません。参画してからこれまでに研究留学生として4人を育成していただきました。

先ほど言いましたように、世界屈指のデータサイエンスの拠点である弘前大学で一緒にお仕事させていただいたことで、その研究者たちは今ちょうど会社に戻ってきて大活躍しています。この2点が、弘前大学COIに参加した大きな理由ですね。

村下　花王さんは弘前大学COIスタート時から参加いただいた企業さんの1つで、これまで多くの社員にご協力をいただき大変感謝しています。続いてCOI-NEXTから参加いただいたディー・エヌ・エー（DeNA）さんはいかがでしょうか。

瀬川　参加を決めたポイントが2つあります。DeNAは元々エンターテインメントが中心の会社ですから、ヘルスケアの分野ではエンターテインメントのノウハウを使って社会課題の解決をめざしたいと考えています。一方で、2015年ぐらいから約10年近くヘルスケア事業に取り組んでいる中で一社でできることの限界を感じている部分もあります。

例えば「Pokémon GO」のように、楽しみながら健康になっていただくような「ヘルスケアアプリ」をつくって、それを使っていただくだけではなく、歩数や健康診断の結果がどのように改善しているかなども、保険者や大学の先生方と一緒に研究してきました。しかし、エンターテインメントの要素だけで健康にできるわけではありません。

そこで、いろいろな切り口を試して、皆さんが健康になるチャンスを増やしたいと思い、そのためにはもっといろいろな企業さんとツールやソリューションの開発を協業させていただくほうがいいと考えたことが参加理由の1つです。

村下　いろいろな切り口を試すという面では、弘前大学ＣＯＩにぴったりかと思います。

瀬川　そしてもう1つの参画理由は産学官だからこそできるエビデンスの創出です。今の日本のあらゆるデータはかなり分断されています。そのため個人を中心とした分析・エビデンス創出が難しいことが多いです。しかし弘前大学ＣＯＩの基盤データを活用すれば、横断的に受診者1人のデータを深く見ていくことができます。これはまさに産学官民が一体となったプロジェクトで推進しないとできませんし、ましてや一企業だけではできなかったことでもあります。ですから、ぜひ一緒にやらせていただきたいと思いました。

ＣＯＩ－ＮＥＸＴでは、これまでの年齢層に加え、若い世代にもアプローチの範囲を広げていくと聞いています。若い世代については当社が得意としている部分ですので、われわれのノウハウを活用していただけるかなというところで参画させていただきました。

村下　ＤｅＮＡさんは、当初は正式な参加企業ではなかったのですが、弘前大学ＣＯＩの時代から本学との接点はずっとありました。これから特に、ゲーミフィケーション（ゲームのデザイン要素や原則をゲーム以外の物事に応用する取り組み）の分野でもご協力をいただけるのではないかと期待しています。では続いて明治安田生命さんはいかがでしょうか。

牧野　明治安田生命は「みんなの健活プロジェクト」を２０１９年から本格展開していて、その発展に向けて外部の研究パートナーを２０１８年頃から探索していました。

弘前大学は２００５年から岩木健診を実施して、健康に関する専門的な知見や研究実績がありました。「短命県返上」という地域の健康課題への取り組みをされていて、地域社会の健康増進を支援する当社の考えにも合致することから参加を打診させていただきました。

われわれは目に見える商品を持っておりませんが、全国に拠点を持ち、営業職員（「ＭＹリンクコーディネーター」等）が３万６０００人超おりますので、その人材を健康や地域の活性化に使えないかということをずっと考えておりました。そこで弘前大学ＣＯＩのデータ分析をもとに、お客さまの健康寿命の延伸といった社会課題の解決の糸口が見つけられるのではないかと考えたことが参加理由の１つです。

村下　明治安田生命さんは保険を扱っている企業ということで、ＣＯＩ側にとっても非常に新鮮でした。

牧野　当社が弘前大学ＣＯＩで取り組んでいる研究テーマは「未病予測モデル研究」と「未病教

育研究」の2つです。未病予測モデル研究では、過去の健診結果や生活習慣等から、健診値の改善・悪化傾向等の将来の健康状態を予測するというものです。岩木健診の網羅的な健康ビッグデータが本研究に非常に有用だと考えています。

未病予測モデル研究におけるビッグデータの解析では他大学とも連携しており、AIによる疾患発症予測モデル開発などのノウハウからも、大いに示唆に富んだ知見をいただいています。また、未病教育研究においては、非医療従事者である当社の「MYリンクコーディネーター」による健康情報の提供を行い、啓発効果の高い群団と介入内容の組み合わせを研究することで、効果的な健康アドバイスの在り方を探索しています。

弘前大学COIによって、最近では青森県男性の平均寿命が伸びてきており、さらに地域住民に対する効果的な健康づくりについて深い知見をお持ちであることから、本研究についても大変強力なサポートをいただいています。

村下 現在、青森県の中のいくつかの拠点で、明治安田生命さんの「MYリンクコーディネーター」等が「QOL健診」を研究として行っているのですが、通常の健診とは違う項目が入っていますのでとても盛り上がりますね。重要なことは、さまざまなデジタル技術が出てきていますが、それだけで人が動くわけではなく、デジタルの世界とアナログの世界をバランスよく調和することだろうと感じています。では続いて味の素さん、お願いします。

白神 味の素は2020年から弘前大学COIへ参画しています。当社では「アミノサイエンス®で人・社会・地球のWell-beingに貢献する」をパーパスに、食と健康課題の解決につながる取り組みを進めています。弘前大学ＣＯＩ、そして「岩木健康増進プロジェクト」がめざす健康ビッグデータと最新科学による健康長寿社会の実現に向けた意義と取り組みに共感し、参画させていただきました。

特に、当社では「アミノサイエンス®」という、アミノ酸のはたらきにこだわった研究や実装化プロセスから得られる独自の強みである科学的アプローチ、考え方を持っています。食と「アミノサイエンス®」を通じて、弘前大学ＣＯＩとも連携・共創することでパーパスを実現していきたいと考えております。

弘前大学ＣＯＩの魅力は、地域社会、大学、行政、そしてさまざまな企業と連携して、理想のモデルケースをエコシステムとして創造できることです。少子高齢化や医療費の増大、生活習慣病や加齢に伴う疾病リスクなどの課題や脅威に対して、弘前大学ＣＯＩとＣＯＩ‐ＮＥＸＴを通じて解決策を見出し、参画する皆さまと一緒に理想的な持続可能な社会的モデルケースをつくっていきたいと考えています。

村下　エコシステムとして創造していくという方向性はまさにわれわれの考えとぴったりですね。

白神　弘前大学ＣＯＩに参画してから、地域社会と直接接する機会を持ち、健康課題やニーズを生活現場の感覚として把握できるようになりました。大学や医療関係者など専門家の方々からさまざまなアドバイスや気づきを与えていただき、さらに参画するほかの会社の皆さんとも気軽に意見交換することができ、まさに共創が生まれています。これほど垣根なくコミュニケーションをとり、課題解決に向けて一体感を持って取り組める環境はほかにはありません。弘前大学ＣＯＩへ参画したことは本当によかったと思っています。

弘前大学ＣＯＩのもう一つの魅力は、科学的アプローチにこだわっていることです。その背景には当社の「アミノサイエンス®」と同様に真実を追求する、そして追求したいという姿勢もあると考えます。弘前大学ＣＯＩは、まさにそれを実現できる取り組みでもあります。

村下　ありがとうございます。味の素さんは比較的後半に参加されていますが、取り組みを非常に今力強く進めていただいていて、われわれも今後の成果を期待しています。

参画企業はＣＯＩ－ＮＥＸＴで何を実現したいのか

村下　社会では予防の重要性がより増しています。そのような中でこれから各社さんが実現していきたい施策や社会にどう貢献をしていきたいというようなお考えを、ＣＯＩ－ＮＥＸＴに期待する部分も含めて触れていただければと思います。まずは花王さん、お願いします。

久保　花王は、弘前大学ＣＯＩでは内臓脂肪の研究を軸にしていますが、その成果を今度はスキンケアやヘアケアの研究、さらには生物科学の研究に投入しています。

健康と肌、健康と髪の毛など、結局ヒトの体はすべて連動してつながっています。スキンケア

1つとっても、弘前大学COIの研究結果は新しい商品開発や次の事業基盤となるような〝シーズ〟の探索ができ、そのサイエンスやテクノロジーの研究成果として、これからの事業に必ず貢献するという信念で研究を続けています。

そしてCOI-NEXTにステージが変わり、経済循環をめざすという意味で、現在行われている「QOL健診」を非常に重視しています。これはある意味すでに社会実装されたケースともいえると思いますが、これをサステナブルで行っていくには各企業にとって実益が出るようなかたちにしていかなければならないと思います。

「QOL健診」もデジタル化が進んでいきますと、家にいても個別にいろいろなことがチェックできるようになると思います。例えば自宅で写真を撮れば、その写真から内臓脂肪の傾向がわかるようになります。これが可能になると、次に一人ひとりに合ったソリューションまでを提案することができます。花王でも、個々人をモニタリングして、それに対するソリューションを個々に提供する事業を始めつつありますので、そこは連動させていきたいと思います。

それから「QOL健診」にも、もっと多くの企業に加わっていただき、皆さんと共創していきたいと思います。青森県の短命県返上のみならず、日本あるいは世界にも通用するレベルのヘルスケアエコシステムをつくり上げて発信していきたいと思います。

村下　「QOL健診」はわれわれも、弘前大学COIの進化系の1つとして力を入れています。

久保　毎回議論されますが、「人生100年時代」「医療費の削減」というと、すぐに〝予防〟と言われるのですが、例えば健康な人は健康に興味がないということもあります。予防はかなり長期的な話になりますので、なかなか根づかないところもあるだろうとも思います。

ただ、現在、弘前大学COIがトライしている、今の健康状態から3年後、5年後の疾病の罹患リスクを精度よく、しかも信頼できるモデルで予測することができれば、健康な人も興味を示してくると思います。

これを予防医学と言うのかはわかりませんが、未病の人だけでなく、健康な人たちもそこに目を向けてくれる時代がまもなく来ることを信じて、さらに研究を続けていきたいと思います。

村下 花王さんのおっしゃることは非常に重要な部分で、人間は賢い動物だから、きちんとしたエビデンスがあって正しい情報として伝われば、健康な人も納得して行動を変えるはずだと思います。罹患リスク予想の精度は高まってきましたが、ソリューションは残念ながらまだ成熟しておらず、食事や運動、疲労、睡眠といったパターン化した指導で終わってしまっています。ここが、個人に対して「あなたはこうだからこうである」とデータに基づいた個別のソリューションを提示できれば、おそらく多くの人たちが納得して行動を変えてくれるのではないかと思っています。続いてカゴメさんはいかがでしょうか。

上田 そうですね。COI-NEXTに期待している部分から申し上げますと、研究面と社会実装面、それから、合理的な部分で人が動く部分と非合理的と言いますか、限定合理的に人が動く部分という4軸を考える必要があると思います。

やはり、食の世界では「伝承」は非常に重要で、「野菜を食べたほうがいい」とか「油物の摂りすぎには気をつけなさい」などと祖父母に言われてきたことが薄れてきた現代において、重要なことは医学的なデータなのかなと思います。そこは、われわれの食品会社の研究成果よりは、医学的なデータのほうが一般的に説得力を持たせることができるのかなと思いますし、例えば、われわれの研究部門の医学的なアプローチで野菜を捉えると「トマトの健康成分のリコピンが〇〇に良い」といったアプローチになるのだと思います。

しかし、一方で食品の健康効果は本来大雑把であり、単一成分ではなくてさまざまな成分が複雑に織りなす包括的なよさだと思われるのですが、これまではそれが科学的に証明できませんでした。しかし、弘前大学ＣＯＩのデータでは徐々に「野菜は包括的に効果がある」ということがはっきりわかってきていますし、前にお話しした伝承的な経験値とデータ、両方で効果が重なり合ってくるという部分が徐々に整理されつつあることで、一つずつ階段を上っている感じがします。やはり、そういった科学的なエビデンスの蓄積は非常に大きいかなと思います。

村下　伝承的な経験知とデータの融合というのは、まさに地域に根差した弘前大学ＣＯＩだからこそ追求できる部分でもあると感じています。

上田　人間は寺子屋的に一方的に情報をインプットしてもなかなか行動まで変わりません。そういった意味では、われわれも今チャレンジしていますが、アナログ的に認知バイアスが変わるような仕掛けやプロモーションといった部分を、社会学的なエビデンスとしてＣＯＩ‐ＮＥＸＴで構築できればと期待しています。

今、政府の人たちとお話をしていても、社会学的なエビデンスで政策を変えていくということが盛んに行われているようです。弘前大学COIは基本的に医学部発ですので、そこは若干弱いところもあるかもしれませんが、そうはいっても、結局、人間には必ず非合理的なところがあって、そこには社会学的アプローチでなければインパクトを与えることができないと思います。続計学的なデータも含めての社会学的なエビデンスという意味では、今行われている「QOL健診」は非常によい健診だと思います。ここは新しい試みだと思いますし、これを商品化するといいますか、例えば「ソーシャルインパクトボンド」のように、健康を数値化し国や自治体等がその成果報酬を支払うようなモデルも面白いかなと思っています。「QOL健診」の普及の一つのきっかけになるのではないかとも思いますし、そのような仕掛けも含めて、次のCOI―NEXTで挑戦できればと期待しています。

村下　ありがとうございます。カゴメさんが野菜の積極的な摂取を企業全体で推進されていることに、まさに弘前大学COIで構築する認知バイアスが変わるような仕掛けやプロモーションが寄与できればと思います。続いて味の素さんはいかがでしょうか。

白神　はい、味の素は長年にわたり生体成分、例えば血液や尿に含まれる、20種以上のアミノ酸のバランスと健康状態の関係を研究してきました。その研究の成果の一つとして、「アミノインデックス®」、すなわち、がん・生活習慣病、そして認知機能についてのリスクスクリーニングサービスを上市し、人々の健康に役立てていただいています。こうした取り組みを通じて取得した生体成分のアミノ酸バランスのデータは、10万検体以上にのぼり、それと対比させる生化学情報とセットでデータを蓄積・解析することで、アミノ酸バランスや付随する情報を通じて個々の心身の状態をより深く理解することができるようになってきました。今後は、弘前大学COIのデータと、味の素が保有するアミノ酸バランスや、同時に取得してきた生化学指標を比較することで、個々の心身の状態を知るということを徹底的に追求していきたいと考えております。

また、当社ではAjinomoto Nutrient Profiling Systemという栄養価値を可視化するガイドラインを策定しており、それに沿って製品開発を進めています。体の状態を的確に知ることができれば、まさにパーソナライズされた食や栄養の提供が実現でき、健康の維持・向上へ資することができます。さらに、食や栄養の提供にとどまらず、心身の健康につながる情報や推奨もセットで提供したいと考えています。例えば、一人ひとりの好みや生活環境、健康ニーズに適した献立を提案するプログラムを開発したり、食・運動・睡眠のライフログを把握して、一人ひとりの生活習慣に応じたソリューションを提案したりすることで疾病リスクの低減に取り組んでいます。

ぜひ、COI-NEXTを通じて、大学、医療機関、企業等の専門家の皆さんと意見交換を継続し、アドバイスをいただくことで、科学的なアプローチに基づくパーソナライズされた食や栄養の提供を確固たるものにできればと考えています。

村下　一人ひとりの好みや生活環境、健康ニーズに適した献立を提案するプログラムなどは期待しています。

白神　well-beingの実現がめざすべき世界観は、「私」だけでなく「私たち」、そして社会全体が健康で幸せな日々を過ごせることです。そのためにも一人ひとりが心身の状態を知り、個々の状態に合わせたソリューションが自然に提供され、そしてそのサイクルを継続してまわす社会の仕組み、コミュニティが構築されること、その結果として疾病リスクを未然に防ぐことができること、健康寿命を延伸すること。それが未来のヘルスケアの世界ではないでしょうか。

健康を維持することは大事ですが、そこだけにとどまっていてはいけないとも考えています。例えば病気にかかった方や、病気を治療した後の方に、どのような食や栄養を提供すべきかも私たちにとって重要なテーマと考えています。つまりどのようなライフステージの方に対しても、幸せに、そして健やかに過ごせる社会をつくっていくことが、究極のヘルスケアではないでしょうか。その結果として、誰もが自己実現へチャレンジし、具現化していく、いや具現化できる世界。これが、私たちがめざしているwell-beingであり、COI‐NEXTの力もぜひお借りしてつくり上げていきたいと考えています。

村下　ありがとうございます。「アミノインデックス®」も岩木健診のデータと連動しながら、ポテンシャルが広がってきているような印象を持っています。味の素さんの総合的な取り組みも素晴らしいチャレンジですので、非常によいかたちで進化していくのではないかなと思いますし、大いに期待しています。続いて明治安田生命さんはいかがでしょうか。

牧野　弘前大学ＣＯＩに参加されているそれぞれの企業さんの強みは当然違いますし、研究で実際に動いている部分も当然違うと思います。明治安田生命は若い頃からヘルスリテラシーを身に付けていただき、健康を〝自分ごと〟化し、地域で健康に働き続けられる社会をつくり、健康寿命延伸と社会保障費の最適化を両立することをめざしたいと考えています。

お客さまに健康増進に向けた新たな視点を持っていただくためには、やはり人の存在が非常に重要だと考えています。特に健康増進を「続ける」という局面では、継続的なサポーターの存在が必要だと考えます。

そこで当社では、日々お客さまに向き合う「ＭＹリンクコーディネーター」が、その役割の一端を担いながら、人による健康介入、つまり健康アドバイスを行なうことで価値を提供できないかと考えています。先ほど申し上げた未病教育研究など、まさにこうした取り組みの延長線上に、弘前大学ＣＯＩ－ＮＥＸＴがめざす未来が実現できるのではないかと考えています。

村下　「継続的なサポーターの存在」は非常に重要な部分ですね。

牧野　われわれは生命保険という商品を扱わせていただいておりますので、この少子高齢化社会においても幅広い世代とのおつきあいがあります。本来、生命保険会社が提供する商品は、お客さまに万一、何かが起きた場合に価値を発揮するものであり、お客さまの有事に備えた経済的保障というプロダクトが中心でした。

しかし、今後は、予防に関わるファンディング（資金提供・資金調達）の領域も含めて、その機能や役割が随時拡大していくと見ています。そこで当社では、未病領域に応じたサービスを提供していくことで、社会的価値も高めることができるのではないかと考えています。

当社が推進する「みんなの健活プロジェクト」もそういった枠組みの中で、疾病リスクを抑えながら、皆さまのお役に立っていきたいという思いが根底にあります。一方で、最大のポイントは、健康の価値は理解されていながらも、日常生活の中での優先順位がやや低いということです。病気に罹患する前の行動変容をどう捉えていくか、あるいはお客さまにどのように行動を促していくかという部分が重要で、ここが乗り越えるべき大きなハードルと考えています。

少子高齢化社会、人生100年時代において、皆さまに広く健康という意識を持っていただく上で、「健康か、病気か」という二分論ではなく、むしろ健康の中にはさまざまな考え方、濃淡があって、「病気ではないけれども、今よりも少しよい状態をめざす」とか、あるいは「少し悪化している状態をやや改善させていく」といった新たな視点を持っていただく必要があるのではないかと考えています。当社ではこういった部分を、COI‐NEXTの中で取り組んでいきたいと考えています。

村下　ありがとうございました。明治安田生命さんの「MYリンクコーディネーター」の皆さんには現在、「QOL健診」でもいろいろとご協力をいただき、いろいろな成果も出だしているところです。それでは最後に、DeNAさんにはCOI‐NEXTの副プロジェクトリーダーの立場も含めてお話いただきたいと思います。

瀬川　企業の皆さんから弘前大学ＣＯＩを見たときに、共通しておっしゃるのは「取り組みが面白い」「ユニークな取り組みがたくさんある」ということです。しかし、逆に、弘前大学ＣＯＩ拠点から見たときには、ほかにもこのような研究拠点が全国にたくさんある中で、これだけの企業さんが集まっている拠点は弘前くらいしかないと思いますし、そこがとてもユニークだと感じています。

これまでの弘前大学ＣＯＩの10年間が評価されて、ＣＯＩ‐ＮＥＸＴが今回、文部科学省と科学技術振興機構（ＪＳＴ）に採択されたのも、やはり、これだけたくさんの企業が集まって、みんなで課題解決をしようとしている部分も評価されたのではないかと思います。

皆さんが今までおっしゃっていたように、ＣＯＩ‐ＮＥＸＴでは社会への実装の部分が一番期待されていることですし、そこは、全員でぜひ実現していきたいと思っています。

これまでは、弘前大学ＣＯＩで得たさまざまな知見をベースに企業がそれぞれの製品やサービスに役立てるという段階でした。ＣＯＩ‐ＮＥＸＴからは、例えば弘前市の方々に、社会実装として何かを届けていくといったフェーズに入っていくのかなとも思っています。

一つひとつでは人に〝刺さらない〟、または動いていただけないかもしれませんが、複数の製品やサービスでご提供すると、例えばこっちは参加しないけどこっちは参加するといったような人が出てくるのではないかと思います。企業連合として、一人ひとりの行動変容をできるだけ掘り起こす仕掛けができるとすごくいいなと思っています。

村下　まさに、弘前大学COIが「アンダーワンルーフ」のもと、参加企業さんとともにいろいろなことを推進しているところですね。

瀬川　はい、そのとおりだと思います。一方で、DeNAとしましては、その中で特にデジタルやエンターテインメントの部分でぜひとも頑張りたいと思います。しかし、エンターテインメントは〝刺さらない〟けれども「ベジチェック®」は〝刺さります〟とか、保険に入っていただいたことから行動変容が起こるとかもあると思います。社会実装にはダイバーシティが重要ですし、COI‐NEXTはいろいろな人の趣味嗜好に合わせた行動変容のプラットフォームが実現可能な状態であることがとてもユニークだと感じています。

もうひとつ、COI‐NEXTのテーマの1つは「若い世代」です。弘前大学の学生さんに講義したときにも、学生さんからは「話を聞くまでは結構営利目的でやっていると思っていました」という意見もありました。

若者の中には健康に興味がある人もいればない人もいますし、われわれが起こそうとしている変化に対しての理解にもまだまだ〝ずれ〟があります。しかし、逆にコミュニケーションを密にすることによって変化を起こそうとしている側に入ってきていただける可能性がすごくあるなということも感じています。

当社がプロ野球に参入したときもそうでしたが、やはり10年ぐらい続けると根付いてくるところがあります。ここは、ぜひ、これから10年、COI‐NEXTを拠点に皆さんと一緒にじっくりと取り組んで、ヘルスケアのエコシステムを実現していきたいと思っています。

村下　当初は、「ＤｅＮＡさんはゲームと野球の会社なのに、なんで健康なんだろう？」みたいなことを言われた時期もありました。例えば「Pokémon GO」などは、高齢の方も含めて楽しいからやって、結果的にたくさん歩いていたということです。「運動は大事だから運動しよう」というのではなく、結果的に運動していましたという世界が結局、行動変容という意味でも大事だということを実感しております。

少しまとめ的な話をさせていただきますと、今、正式な参加企業さんと協力企業さんを含めると50社近い企業さんに集まっていただいています。

最近の特徴として、参加企業さんの多様化がとても進んでいます。例えば自動車メーカーのマツダさんや工作機械のＤＭＧ森精機さんのような、普通に考えたら健康とは関係なさそうな企業さんがどんどん参加しています。

サービスや製品をつくるだけではなく、それを受け入れる側も、弘前大学ＣＯＩの研究結果をどのようにして自分たちのビジネスにつなげる、あるいは健康経営につなげるのかということを真剣に考えていらっしゃいます。

われわれは、ごく当たり前のように月に1回、すべての参加企業さんが集まって全体会議を行っています。わざわざ本州の北の果ての弘前まで来ていただいて、実際に顔を合わせて名刺交換をしたりいろいろな話をしたりしながら、そこから新しい連携も生まれたりするということがごく自然に行われています。これは全ＣＯＩ拠点の中でも非常に珍しいケースだと聞いていますし、まさに「アンダーワンルーフ」の象徴の1つかとも思います。

「新結合」ともよく言われますが、多様な企業さんが交わり合うことによって新しい化学反応が起こり新しいアイディアが生まれて、イノベーションが起こるのだと思います。

単なる青森県の短命県返上やwell-beingの実現というだけでなく、もっと広い概念で、弘前大学ＣＯＩの研究成果をもとに、物質的な健康だけでなく、精神的、社会的にも健康であるというような豊かなwell-beingな社会をつくっていければと思いますし、それが皆さんの新しいビジネス創出にも間違いなくつながると信じています。本日は、ありがとうございました。

（取材日：2023年7月7日／所属・役職は当時のもの）

第5章

弘前大学COI参加企業のヘルスケア戦略

味の素株式会社

Eat Well, Live Well.

味の素グループは、1909年に「おいしく食べて健康づくり」という志をもって創業しました。アミノ酸のはたらきの研究を起点として、「アミノサイエンス®」※を軸に100年以上にわたって成長し続け、全世界で3万人を超えるグループ従業員とともに、36の国と地域で事業を展開しています。

味の素が創業時に掲げた「日本人の栄養改善」という目標は、現在、ASVとして進化しました。ASVとは、「Ajinomoto Group Creating Shared Value」を略した言葉です。CSV（Creating Shared Value：共有価値の創造）に由来しており、企業が自社の売上や利益を追求するだけでなく、自社の事業を通じて社会が抱える課題や問題に取り組むことで社会的価値を創造し、その結果、経済的な価値も創造されることを意味します。このように経済価値と社会価値の2つを共に創る取り組みがASVであり、それを進化させていくことが、味の素グループのビジョンの実現につながると考えています。

味の素グループのＡＳＶという言葉や方針は２０１４年の「２０１４‐２０１６中期経営計画」にて初めて表明されました。しかし、このＡＳＶは、今から約１１５年前、１９０９年の味の素社創業時からの取り組みでもあったといえます。「うま味」の発見者、池田菊苗博士（東京帝国大学教授）の「日本人の栄養状態を改善したい」という強い思いを共有した二代目・鈴木三郎助は、世界初のうま味調味料「味の素®」を発売し味の素グループの歴史が始まりました。その頃からの２人の思いである「おいしく食べて健康づくり」という創業の志は、味の素グループにとってまさに原点であり、現在の味の素グループのＡＳＶにつながっています。

「おいしく食べて健康づくり」は、現在の味の素グループの「ＡＳＶ」の原点となっています。それは事業を通じて社会課題を解決し、社会と価値を共創する「幸せの好循環」です。味の素グループは２０２２年度から、統合報告書を「ＡＳＶレポート」という名称に変更しています。「ＡＳＶレポート」には、ＡＳＶ経営を進化させて実現していく志（パーパス）、ありたい姿をどのように実現していくかをわかりやすく紹介しています。

味の素グループが創業以来大切にしてきたのは、「誰もが料理を作ることを楽しみ、おいしい料理を共に喜び合う」気持ちです。この食がもたらす「幸せの素」を、味の素グループの商品を通じて世界中の人々にお届けするのが使命でもあります。また、人の幸せに貢献することは、自分自身の幸せにもつながります。世界中の人々に「幸せの素」を届けることで、従業員たちも喜びを感じ、自分たちの仕事に誇りを持つことができます。

アミノサイエンス®で、人・社会・地球のWell-beingに貢献する

昨今の変化が非常に激しく予測が難しい事業環境下においては、「志」（パーパス）がますます重要になっています。そこで味の素グループの「志」は、従来の「アミノ酸のはたらきで食と健康の課題解決」から、「アミノサイエンス®で、人・社会・地球のWell-beingに貢献する」へと進化しています。この「志」（パーパス）には、経営層だけではなく、世界中で活躍する味の素グループの従業員から自発的に生まれてきた思いや、マルチステークホルダーの期待に応えていくという決意が込められています。

アミノ酸は、五大栄養素の一つであるたんぱく質の構成成分です。筋肉、骨や内臓などの主要な構成成分、さらにはホルモン、酵素、抗体といったカラダの調節機能の物質も多くはたんぱく質からつくられます。たんぱく質は、食べた後アミノ酸にまで消化され、カラダの中に吸収されます。つまり、アミノ酸を摂るということはたんぱく質を摂るということと同じことなのです。

カラダの中で生命維持に欠かせないアミノ酸のはたらきが、成長や発育を促したり、消耗を回復させたりする「栄養機能」です。アミノ酸には体内でつくられる非必須アミノ酸と、体内でつ

くられない必須アミノ酸があり、人が必ず摂取しなければならない必須アミノ酸の種類と量もわかっています。たんぱく質の栄養価を決めるのも、そのたんぱく質の中に含まれる必須アミノ酸のバランスです。例えば、植物由来のたんぱく質は動物由来に比べてサステナブルなものが多い反面、消化されにくかったり、必須アミノ酸のバランスが十分でないものもありますが、そこに不足している必須アミノ酸を補充すれば、たんぱく質としての栄養価が高まります。

また、アミノ酸は、うま味や甘味、苦味などその種類によって特有の味を持っています。このアミノ酸の組み合わせが食べ物の味を決める重要な要素の一つになっており、上手に使うことで食べ物をおいしくしてくれます。例えば、グルタミン酸はそのうま味で食べ物をおいしくすることがよく知られており、アミノ酸の研究はおいしさの向上につながります。おいしさには、味だけでなく食感や香り、見た目も大切です。食感に関わる酵素の開発にも、実はアミノ酸研究が関わっています。

アミノ酸は、さまざまな物質と反応しやすい「反応性」という性質を持っていますが、アミノ酸と糖が反応してできる物質は、食べ物をおいしく感じる香ばしい香りや好ましい茶色（焼き色）に欠かせません。

また、味の素㈱は長年にわたるアミノ酸研究と味覚研究から、反応性を利用してアミノ酸を反応させてつくった甘味料や、食べ物にコクを与えるコク味物質などを発見・開発しています。

グルタミン酸がつながったγ－ＰＧＡは、おいしく減塩するのに欠かせない呈味機能を持っています。

さらに、アミノ酸には、健康の維持・回復をサポートするものがあります。例えば、グリシンというアミノ酸は寝る前に飲むことで、速やかに深い睡眠に入ることができます。BCAAの一つであるロイシンは、カラダの中でたんぱく質をつくるスイッチを入れることが知られています。さらに、ヒスチジンによって疲労感が軽減されること、シスチンとテアニンを一緒に摂ることで免疫が活性化されることなど、アミノ酸の体調を整えるはたらきが次々と明らかになっています。一種類のアミノ酸だけでなく、シスチンとテアニンのように複数のアミノ酸の混合物によって発揮される作用があることもわかってきています。こういった一つひとつの機能や素材、技術を研究によって見出し、それを社会課題の解決やWell-beingへの貢献につなげることが、味の素グループの言う「アミノサイエンス®」なのです。

「社会価値と経済価値を共創できるものは何か」を考える「ASV指標」

味の素グループは、2030年までに10億人の健康寿命の延伸に貢献し、環境負荷を50%削減するという目標を掲げています。2030年までに2つのアウトカムを両立して実現することは、

ASV経営にとって重要なマイルストーンとなります。

味の素グループの強さの秘訣は、創業以来100有余年にわたるアミノ酸のはたらきの追求によるアミノサイエンス®、そして人財資産・技術資産・顧客資産・組織資産の4つの無形資産にあります。

サステナビリティを経営の根幹に据えて、長期のありたい姿を定め、経営のリーダーシップで挑戦的な「ASV指標」を掲げてバックキャストする中期ASV経営へと進化させ、人財・技術・顧客・組織の4つの無形資産の価値を高めることで、事業を通じたイノベーションを創出し、ASVを追求します。つまり、味の素グループの「ASV指標」は、サステナブルな成長を実現するための戦略的な取り組みの指標ということになります。その上で、事業活動を通じた社会課題の解決によって創出された経済価値を、次の事業活動へ再投資することで、さらなる社会課題の解決に貢献するという好循環をつくり出し、これを回し続けることによって、企業価値の向上につなげていきます。

2020年度より、ASVによる価値創出に不可欠な従業員エンゲージメント（ASV自分ごと化）を高めるマネジメントサイクルに取り組み、各プロセスの中で、さまざまな施策を展開しています。従業員に対してモニタリングを実施し、改善を行い、CEO（最高経営責任者）や本部長との対話、組織・個人目標の設定を通じてASVへの理解・納得を進め、事例の共有、個人目標発表会などで従業員同士の共感・共鳴を高め、既存の部署での実行・実現、新規事業の開発などを実践していくことで、企業価値の向上を図っていきます。

ＡＳＶエンゲージメント向上のプロセスは、ＣＥＯや事業・コーポレートの本部長との対話、組織目標とリンクした個人目標を設定することから始まります。そして、従業員は自分の仕事を通じて実現したいＡＳＶを個人目標発表会で発表することで共感を得ながらチャレンジできる企業風土をつくっていています。

弘前大学「デジタルニュートリション学講座」を開設

２０２０年4月1日、味の素㈱と弘前大学は「生活者の健康増進／栄養改善への貢献を図る」という共通テーマのもと、弘前大学大学院医学研究科内に産学連携の共同研究講座「デジタルニュートリション学講座」を開設しました。

味の素㈱は、生活者の健康状態を把握して適切なソリューションを提供するため、パーソナル栄養を含む新たな領域においてビジネスモデルの構築をめざしており、こうした背景の下、弘前大学ＣＯＩが実施してきた健康増進プロジェクト等で得られたビッグデータや研究環境に注目し、共同研究講座設置に至ったということになります。

高齢化の進展による、今後数十年にわたり世界で最も重要な課題の一つとなる「健康寿命の延伸」。日本はこの課題における先進国であり、世界に先がけてこの課題に向き合い、食や生活習慣を見直すことで解決していくことが求められています。

このような状況の中、味の素㈱は弘前大学との互いの連携により、新たなリスクスクリーニング技術や評価手法の開発をめざしています。

味の素㈱は、この共同研究講座において、ビッグデータを基に、生体のアミノ酸を中心とする代謝産物によるリスク解析や、介入試験結果による健康寿命延伸年数の統計解析等、デジタル技術を駆使して、日本の高齢者の課題や生活習慣病の予防につながるソリューションを開発し、生活者の健康増進、栄養改善への貢献をめざします。

（本内容は2023年9月時点／組織・所属・役職等は当時のもの）

※：アミノ酸のはたらきに徹底的にこだわった研究プロセスや実装化プロセスから得られる多様な素材・機能・技術・サービスの総称。また、それらを社会課題の解決やwell-beingの貢献につなげる、味の素グループ独自の科学的アプローチ

花王株式会社

[redacted]

肥満と内臓脂肪の研究を推進

花王は1887年の創業以来、消費者起点の「よきモノづくり」を通じて「人々の豊かな生活文化の実現に貢献」することを使命に、活動を続けています。1890年に発売した高級化粧石鹼「花王石鹼」が社名の由来です。

花王は2021年より、パーパスに「豊かな共生世界の実現」、中期経営計画「K25」のビジョンに「未来のいのちを守る～Sustainability as the only path」を掲げ、ESG（Environment・Social・Governance）を根幹に据えた長期視点での経営に取り組んでいます。

花王の研究開発の特徴は「ヒトと物質」の両面から本質研究を行っていることです。こうした研究開発で培った知見を活用して、「清潔」「美」「健康」「高齢化」などの分野で、「環境」に配慮した〝よきモノづくり〟を実践しています。さらに、生活者の生活の質の向上及び健康寿命の延伸につながるさまざまな健康支援活動にも積極的に取り組んでいます。

その中でも、東京都墨田区のすみだ事業場にあるヘルス&ウェルネス研究所※は、機能性食品をはじめとしてヘルスケアに関する商品開発を担当しており、健康の研究では中心的な役割を担っています。同研究所は、処方開発、官能評価、分析実験を行うエリア、そしてヒト試験を実施するための健康機能評価エリアを備えています。

「食」と「生活習慣」、そして健康状態をモニタリングすることで、個人に合った健康ソリューションを提供するプレシジョン・ヘルスケアの実現をめざして取り組んでいます。

花王では１９８０年代後半より、肥満研究を開始しました。当時、世界的に脂肪の蓄積と冠状動脈系疾患との関係が明らかになり、米国では〝死の四重奏〟などと呼ばれ、肥満がさまざまな生活習慣病の元になるという研究が進んでいました。日本では当時、大阪大学の松澤佑次氏が内臓脂肪の蓄積と生活習慣病との関係を明らかにし、これが２００５年に提唱されたメタボリックシンドローム診断基準の礎となりました。そこで花王は肥満の中でも、内臓脂肪を減らすことで、メタボリックシンドロームの予防をめざした研究に取り組みました。

代謝を測る「ヒューマンカロリメーター」による研究促進

肥満や内臓脂肪の蓄積は、食事から摂取するエネルギー量が、ヒトに本来備わる代謝に基づくエネルギー消費量を上回ることで起こります。食事から摂れるエネルギー量は、食事のカロリー計算により算出できますが、ヒトのエネルギー消費量の測定は、そう簡単ではありません。

花王は肥満研究を進めるにあたり、正確にヒトのエネルギー消費量を測定する必要があったことから、2003年にヒューマンカロリメーターを導入しました（下写真）。これは、三畳ほどの小部屋で、生体内で起こる、酸素を利用して二酸化炭素を産生するという反応を空気中の酸素濃度と二酸化炭素濃度をマススペクトルで厳密に測定することで、生活する人のエネルギー消費量を測定するものです。

エネルギー消費量は、ヒトが生きていく上で必要な最小限のエネルギーである基礎代謝量、身体活動によって生じる活動時代謝量、そして食事によって誘発される食事誘発性体熱産生の大きく3つに分けることができます。ヒューマンカロリメーターはこれらが測定できるとともに、脂質の代謝量及び糖質の代謝量も測定が可能です。この装置の最大の特徴は、人の動きに制限されずに日常の生活を営む際のエネルギー代謝を評価でき

ヒューマンカロリメーター

ることです。

この装置を用いることで、お茶やコーヒーに含まれるポリフェノールがエネルギー代謝に及ぼす影響を検討するとともに、内臓脂肪をためない食事の評価、食事摂取基準策定に貢献できるよう、日本人の基礎代謝量の測定などを行っています。

メタボリックシンドロームの診断基準は、内臓脂肪の蓄積が必須要件です。内臓脂肪量を測るには、X線CTの画像解析により算出する必要がありますが、日常的に測定できるわけではないので、診断基準では腹囲長で外挿（ある既知の数値データを基にして、そのデータの範囲の外側で予想される数値を求めること）することとしています。

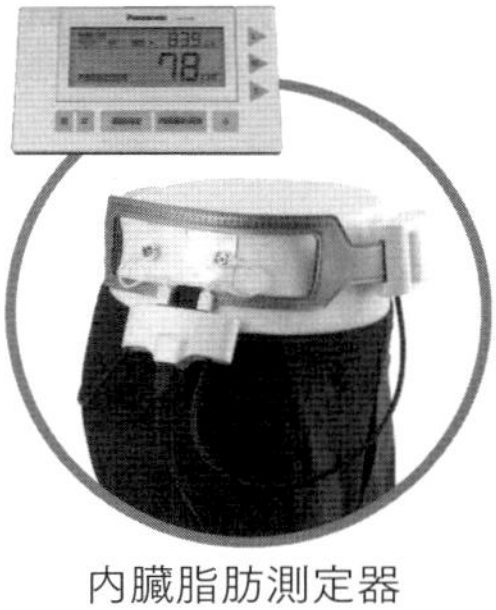

内臓脂肪測定器

花王ではX線を使わずに、内臓脂肪を測定する機器の実現をめざし、一般的な体脂肪計と同じ原理であるインピーダンス法に着目した検討を進めました。

具体的には、臍の周りにベルトのように巻いて、臍と背中の間に微弱な電流を流します。その際に発生する電位差を側腹部で感知します。これが、最も内臓脂肪量を反映することを見出しました。X線CT画像から算出した内臓脂肪面積と高い相関があることを臨床試験で確認し、2013年にパナソニックと共同で開発し、厚生労働省から医療機器（右写真）として承認されました。測定時間も数分で、被爆のリスクもなく簡単に測定できることから、全国で健診施設を中心に使用されています。弘前大学ＣＯＩでは、岩木健診に同測定器を導入し、内臓脂肪の研究を進めています。

内臓脂肪をためない食事研究

花王では、「毎日の食事からメタボリックシンドロームを予防することができれば」との想いから、内臓脂肪をためない食事の研究を推進しています。およそ2万人を対象に、前述の測定器で内臓脂肪を測定するとともに、1日に食べた食事メニューとの関係を調べています。その結果、内臓脂肪量が少ない人の食事の特徴は、豆類、野菜、果物、魚介類を多くとり、肉類、油脂類の摂取を抑えていることでした。また、意外にも総エネルギー摂取量には差がなく、たんぱく質とω3脂肪酸の比率が高く、食物繊維を多めにとることが特徴的でした。これらを簡単にまとめると、①たんぱく質÷脂質、②食物繊維÷炭水化物、③ω3（EPA＋DHA）÷脂質――の3つの数値を上げることが要点になります。

3つの数値を高めた食事を食べることで、内臓脂肪の蓄積が抑えられ、食後の熱産生が高まるなど、エネルギー代謝に良い影響を与えることが確認されました。この食事を「スマート和食®」（**左写真**）と命名し、全国の花王の事業場の食堂で提供しています。また、出版物『おなか痩せの黄金「比」レシピ』として公表しています。

最近では、全国数カ所の地方自治体において、内臓脂肪の測定とスマート和食Ⓡの組み合わせに、歩行計（ホコタッチⓇ：下写真）を使って、歩くことを加えて、メタボリックシンドロームを予防する活動を展開しています。

またこれまでに、お茶やコーヒーに含まれるポリフェノールが、脂肪の代謝を高め内臓脂肪を減らす機能のあることを研究し、国際的な学術誌に多数報告しています。

花王は2015年より弘前大学COIに参画し、内臓脂肪測定器の導入及び内臓脂肪蓄積要因の解明や内臓脂肪を減らすことを目的とした食事などの共同研究を進めていました。

2016年からは弘前大学に産学連携の共同研究講座「アクティブライフプロモーション学研究講座」を開設し、内臓脂肪の測定を健診に加え、内臓脂肪蓄積の医学的な意義を追求する研究に取り組んでいます。さらに、住民の内臓脂肪を測定することでメタボリックシンドロ

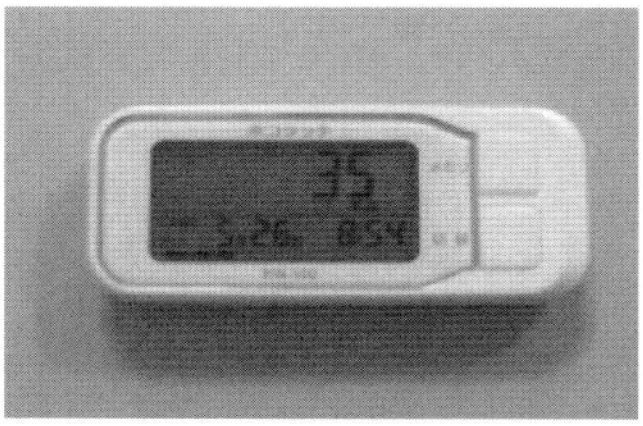

歩行計
「ホコタッチⓇ」

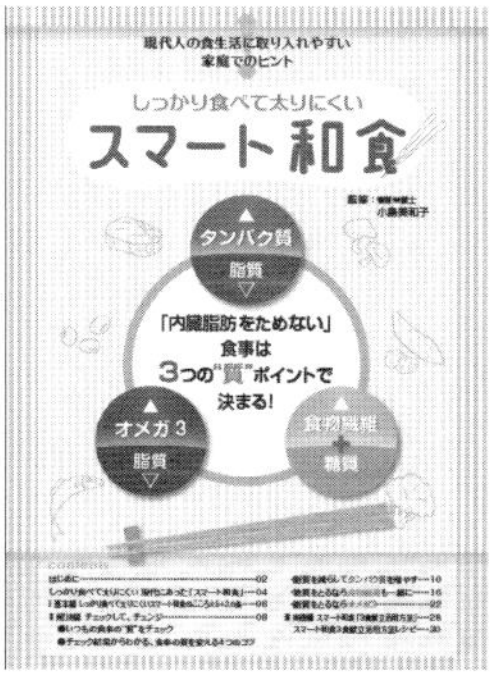

内臓脂肪をためにくい食事
「スマート和食Ⓡ」

ームの予防に貢献するために、「QOL健診」へ積極的に参加しています。

短命県返上という青森県の命題も織り込まれた弘前大学COIでは、短命の原因が高齢者だけではなく全世代においての死亡率の高さに起因するということがわかっています。健康状態は個人によって異なるため、個々に合わせた健康ソリューションを提案できる「プレシジョン・ヘルスケア」を実現すべく、その確立に挑戦中です。

弘前大学COIの超多項目健康ビッグデータの解析からは、これまでに知られていなかった内臓脂肪の蓄積と健康の関係がいくつかわかってきました。

1つ目は、内臓脂肪が多い高齢者ほど、認知機能に関係する脳の白質病変が多いことです。内臓脂肪をためないほうが、認知機能を維持できることを示しているのかもしれません。2つ目は、日常の歩く速度が速いほど内臓脂肪の蓄積が少なくなるという発見です。50歳代を超える人に見られる結果です。また、座っている時間が長い人ほど、内臓脂肪量が多いこともわかってきました。意識的に、少しでも速く歩くことを含めて、動くことが大事との結果です。最後の3つ目は、内臓脂肪が少ない人に特徴的な腸内細菌が見つかったことです。Blautia菌と呼ばれ、世界的にも大きなインパクトを与え、ほかの研究機関でも積極的に研究されています。花王は弘前大学COIでの取り組みによって、食べることや、動くこと以外でも内臓脂肪を制御できる可能性がある腸内細菌を発見するという、大きな成果を上げています。

最近は、内臓脂肪研究に加えて、パーソナルヘルスケア研究所※が歩行の研究を、スキンケア研究所や生物科学研究所が肌性状と健康の関係を調べる研究を、そしてヘアケア研究所が髪質や頭皮の研究を進めており、人々の生活の質の向上をめざして取り組んでいます。

（本内容は2023年9月時点／組織・所属・役職等は当時のもの）

※：2024年1月からヘルス&ウェルネス研究所とパーソナルヘルスケア研究所は、ヒューマンヘルスケア研究所に名称を変更しています

カゴメ株式会社

食を通じて社会課題の解決に取り組む

カゴメの創業は1899年。農業を営んでいた創業者である蟹江一太郎がトマトの栽培に挑戦し、その発芽を見た年といわれています。以来120年にわたり、カゴメは日本の食を見つめ、新しい食の在り方を提案し続けてきました。

カゴメのありたい姿は「食を通じて社会課題の解決に取り組み、持続的に成長できる強い企業」です。農業から生産・加工・販売と一貫したバリューチェーンを持つ世界でもユニークな企

業として、健康寿命の延伸、農業振興・地方創生、そして持続可能な地球環境の実現に取り組んでいます。

カゴメは「トマトの会社から、野菜の会社に」というビジョンを掲げています。日本での1日の野菜摂取量の目標は350gですが、現状は約290gであと60g足りません。そこでカゴメでは「野菜をとろう」というスローガンを掲げて、野菜をとることの大切さや上手な野菜のとり方を広めています。そして、トマトをはじめとした、さまざまな野菜の価値を活かした幅広く革新的な商品を通して、人々の健康に貢献し、持続的な成長につなげていく考えです。

カゴメの企業理念は、自然の恵みと多くの人々との出会いに感謝し、自然生態系と人間性を尊重する「感謝」、自然の恵みを活かして、時代に先がけた深みのある価値を創造し、お客さまの健康に貢献する「自然」、そして、おたがいの個性・能力を認め合い、公正・透明な企業活動につとめ、開かれた企業をめざす「開かれた企業」の3つ。カゴメの原点である自然に根差して、地域社会やお客さま、お得意先さま、栽培農家や株主の皆さま、従業員など、世界中のステークホルダーと手を携え、価値ある商品やサービスをお届けできるよう努力を続けています。

ブランドステートメント（ブランドのありたい姿）は「自然を、おいしく、楽しく」。自然の恵みがもつ抗酸化力や免疫力を活用して、食と健康を深く追求し、自然に反する添加物や技術にたよらず、体にやさしいおいしさを実現し、地球環境と体内環境に十分配慮して、食の楽しさの新しい需要を創造するということです。

カゴメは長年取り組んでいる野菜に関するさまざまな研究を活かして、野菜が持つ機能価値を商品にしてお客に届けています。また、野菜摂取の重要性を説き、野菜のおいしい食べ方や手軽に摂取できる方法を提案することで、野菜の力で日本の未来を切り開き、健やかな毎日を送れるよう応援しています。

「機能性表示食品」と「ベジチェック®」「ナトカリマップ®」

カゴメは、トマトを中心に野菜の栄養素の研究を長年続け、さまざまな効果効能を検証し、機能性表示食品として販売をしています。まず、リコピンに善玉（ＨＤＬ）コレステロールを増やす働きが報告されており、リコピンを含む「カゴメトマトジュース」と「リコピン コレステファイン」を２０１６年に機能性表示食品として発売しました。また、野菜由来のＧＡＢＡに高めの血圧を下げる働きが報告され、２０１７年には「カゴメ野菜ジュース」を同じく機能性表示食品として発売しています。トマト由来のＧＡＢＡにも同様の報告がされており、２０１８年からは「カゴメトマトジュース」の機能性表示を追加。さらに２０１９年には、通販のサプリメント「スルフォラファン」を、その後に「野菜一日これ一本」シリーズで「野菜一日これ一本 トリプルケア」を、「植物性乳酸菌 ラブレ」シリーズからも2つの機能を表示した「ラブレW（ダブル）」を発売しています。

また、企業や自治体向けに健康増進をサポートするサービスを開発・販売しています。食と健康のプロであるカゴメの管理栄養士によるプロジェクトチーム「野菜と生活 管理栄養士ラボ®」には、管理栄養士資格保持者が在籍し、健康増進サポートの一翼を担っています。健康事業においては、野菜摂取の重要性やメリット、メソッドを伝えるセミナー（集合・オンライン）やeラーニング、野菜摂取量を推定する「ベジチェック®」のレンタルやリース、レコーディングアプリの提供などを通して、食生活の改善や野菜摂取をサポートしています。

野菜に含まれるカロテノイドという色素に着目し、ドイツのベンチャー企業と一緒に開発、手のひらをセンサーにかざすだけで皮膚のカロテノイドレベルとそれに基づくおよその野菜摂取量がわかるようにした「ベジチェック®」は、その場で野菜摂取量の推定値がわかる簡便さが特徴で、健康診断や食事指導、企業や自治体の健康イベントなどで人気です。現在は「ベジチェック®」のレンタル・リースも行っており、健康寿命延伸のきっかけづくりに貢献しています。

さらに、毎日の野菜摂取量入力や、ベジクイズへの回答で獲得したポイントを、チームで競い合う「チーム対抗！ ベジ選手権®4週間チャレンジ」など、楽しく食生活の改善をめざすプログラムを提供しています。また高血圧予防に重要なナトリウムとカリウムの摂取バランスの指標として、ナトリウムの摂取量を下げるために東北大学と共同で「ナトカリマップ®」を開発。このナトリウムの摂取量の抑制をわかりやすく伝える「ナトカリ比改善プログラム」を利用して、高血圧予防に役立つおいしく楽しい食生活を提案しています。

農業振興を通じた地方創生にも注力

現在、日本において高齢化や労働力人口の減少が急激に進み、特に地方では、農業生産基盤の脆弱化が問題となっています。

カゴメでは日本の農業の発展が地域の活性化につながると考え、日本の農業の成長産業化にも注力しています。

2019年4月には、「農業・ものづくり・観光」が一体化した体験型「野菜のテーマパーク」をコンセプトに、「カゴメ野菜生活ファーム富士見」を長野県諏訪郡富士見町に開業しました。八ヶ岳の雄大な自然を背景に、野菜と豊かに触れあいながら、隣接する富士見工場の見学や野菜の収穫体験を通し、食や地域の魅力を体験できる施設です。県内・県外から多くの来園者があり、地域や野菜の魅力を感じてもらっています。

また、全国の自治体などと協定を結び、その地域の農産物を使用した商品の展開やレシピの共同開発、食育やトマトの栽培指導など、地域の農業振興や住民の健康づくりに積極的に取り組んでいます。

農業従事者の高齢化が進み、栽培中止や規模を縮小する生産者が増える一方で、国内加工用のトマトの必要量は増加しています。

そこでカゴメでは、農業機械メーカーと共同で加工用トマト収穫機「Kagome Tomato Harvester（KTH）」を開発。農家にとって負担が重い収穫作業の機械化に取り組んでいます。2021年には、いわみざわ農業協同組合（JAいわみざわ）、ヤンマーアグリジャパン北海道支社とともに、JAいわみざわ管轄内における加工用トマトの産地拡大をめざす連携協定を締結し、地域農業の振興と発展にも注力しています。

地域の農産物を全国で消費する「地産全消」活動の核となる商品「野菜生活100季節限定シリーズ」は、今では年間10種類以上を順次発売しています。これからも、新たな野菜・果物の開拓やコラボレーションによって、地域の農業、健康長寿をサポートしていく予定です。

一方、2019年には北海道の農業で深刻な問題となっている外来の害虫「ジャガイモシストセンチュウ」と「ジャガイモシロシストセンチュウ」に対して、抵抗性と密度低減効果を持つ加工用トマト「KGM191」を開発しました。これらの害虫は、ジャガイモやトマトなどナス科植物の根に寄生し、大幅な減収をもたらすため、まん延防止及び根絶は北海道の農業において重要な課題です。この品種の活用を通じて、北海道における加工用トマトの産地拡大を図り、持続可能な農業にも貢献しています。

カゴメは創業以来、よい原料はよい畑から生まれるという思いを変えずに、安心・安全な原料を調達するために、トマトなどの「契約栽培」にも取り組んでいます。日本の農業との共存共栄を図る「契約栽培」では、作付け前に農家の方々と全量を買い入れる契約を結び、その後、フィールドパーソンと呼ばれる担当者が契約農家の畑を巡回し、カゴメ独自のきめ細かな栽培指導をはじめ、トマトの生育状態に合わせた的確なアドバイスを行っています。「畑は第一の工場」というものづくりの哲学のもと、「契約栽培」で培ったノウハウや実績を若手育成や海外からの原料調達などにも活かしています。

サステナビリティをめぐる課題への対応

自然の恵みを原料に、おいしさや健康価値を活かした商品を提供するカゴメにとって、持続可能な地球環境の実現は解決すべき重要な社会課題になります。とりわけ気候変動への対応は、優先度の高い課題とし、また、環境に配慮した商品の研究や開発にも注力しています。

カゴメは2020年1月に「カゴメ プラスチック方針」を掲げ、プラスチック問題による環境負荷の低減に向けて、さまざまな取り組みを行っています。取り組みの一つとして、2020年4月より紙容器飲料のプラスチックキャップを植物由来素材に切り替えています。例えば、

２０２２年3月に発売した「畑うまれのやさしいミルク」は、１００％植物由来ストローを採用。また、２０２２年9月からは「カゴメトマトジュース」のペットボトル容器を、環境に配慮した１００％リサイクル素材を使用した新ボトル「スマートｅｃｏボトル」に切り替えています。

さらには食品ロス削減や物流・倉庫・小売などの流通関係者の負担軽減のために、２０２０年10月より、賞味期間が３６０日以上の家庭用飲料商品（缶・ペットボトル）を対象として、賞味期限表示を「年月日」から「年月」に順次変更しています。カゴメは２０３０年までに、製品廃棄量を半減（２０１8年比）させることを目標としており、今後も賞味期限表示の見直しを進めるとともに、賞味期間の延長についても取り組んでいきます。

弘前大学ＣＯＩと「ベジチェック®」

カゴメでは「ベジチェック®」を岩木健診に導入したところ、岩木地区の住民の中には野菜摂取量が足りない人が多いことがわかりました。さらに、超多項目健康ビッグデータを活用して他の項目との関係性を調べたところ、男女ともに「ベジチェック®」の値が高い人ほど肥満の指標であるＢＭＩの値が低く、糖尿病の指標も健康的であることが判明しています。特に女性の場合は、「ベジチェック®」の値が高いと動脈硬化や血圧、コレステロールといったマーカーの数値もよいということが明らかになっています。

野菜を多く摂取する人はメタボになりにくいということが期待されることから、カゴメでは今後、「ベジチェック®」による測定を全国各地で普及させていくことで、人々の野菜摂取行動を促進させ、最終的には日本の野菜摂取不足の解消に貢献していきたいと考えています。

（本内容は２０２４年１月時点／組織・所属・役職等は当時のもの）

明治安田生命保険相互会社

「経営理念」は「確かな安心を、いつまでも」

明治安田は２００４年１月に「明治生命」と「安田生命」が合併して誕生した、１４０年以上の長い歴史と伝統を持つ生命保険会社です。全国にある約１２００の営業拠点、約４万７０００人の従業員を活かし、「歴史と伝統」のある生命保険会社であると同時に、常に「新しいチャレンジ」を続ける会社をめざしています。

近年の「格差・分断」や「孤独・孤立」の拡大、デジタル化の加速等を背景として、「相互扶助」という生命保険の根源的な考え方や価値、さらには「企業」や「ひと」の「ありよう」がより大切にされる時代が訪れつつあります。

そのような環境において、明治安田では2020年4月にスタートした10年計画「MY Mutual Way 2030」に取り組んでいます。相互会社として顧客や社会に長期かつ安定的に寄り添っていくことを約束したこの計画では、2030年にめざす姿を「『ひとに健康を、まちに元気を。』最も身近なリーディング生保へ」と定めています。

明治安田フィロソフィーは、明治安田の基本的な理念を示すものとして、経営理念、企業ビジョン、明治安田バリューで構成されています。

明治安田の存在意義・使命となる「経営理念」は「確かな安心を、いつまでも」です。明治安田は創業以来、相互扶助の精神のもと、生命保険事業のパイオニアとして、顧客や地域社会を支えてきました。いつの時代も変わることのない「人の想い」が込められている生命保険。託された一人ひとりの想いに応え、お客さまが健康で安心して暮らせるよう、生涯にわたって支え続けることが、明治安田の使命です。「確かな安心を、いつまでも」の言葉を胸に、顧客を大切にする会社に徹し、いつまでも変わらない安心をお届けします。あわせて、一人ひとりの健康づくり、地域社会の発展を応援し、相互扶助の輪を広げることを通じ、持続可能で希望に満ちた豊かな社会づくりに貢献します。

めざす姿としての「企業ビジョン」は「信頼を得て選ばれ続ける、人に一番やさしい生命保険会社」です。そのために、「お客さまに寄り添い、アフターフォローで感動を追求する」（お客さまとの絆）、「社会から必要とされる価値を創造し、地域の発展に貢献する」（地域社会との絆）、「未来の世代を想い、持続可能で希望に満ちた豊かな社会づくりに貢献する」（未来世代との絆）、「挑戦意欲や多様性を尊重し、働きがいのある職場を実現する」（働く仲間との絆）といった、それぞれのステークホルダーとの絆を大切にしています。

また、大切にする価値観「明治安田バリュー」では、「私たちは、お客さまを大切にし、高い倫理観のもと行動します（お客さま志向・倫理観）」「私たちは、果敢に挑戦し、新しい価値を創造します（挑戦・創造）」「私たちは、働く仲間と互いに助け合い、共に成長します（協働・成長）」の3つを掲げています。

「みんなの健活プロジェクト」に取り組む

健康は大切ですが、ひとりで何かを始めたり、続けたりするのは難しいものです。また、健康増進への取り組み方は人それぞれです。

明治安田では、一人ひとりの健康づくりに寄り添い、一緒に取り組むことで、顧客と地域の

「健康に向けた前向きな活動」＝「健活」を応援しています。

この考え方のもと、顧客や地域住民の健康づくりをサポートする「みんなの健活プロジェクト」は、「〝けんしん〟と予防」をコンセプトに、定期的な〝けんしん〟（健康診断・がん検診等）の受診を促すとともに、疾病「予防」に向けた前向きな取り組みを後押しすることで、健康寿命の延伸やQOL（生活の質）向上への貢献をめざしています。具体的には〝けんしん〟応援型の「商品」や、疾病予防・健康増進に資する「サービス」、地域住民も参加できる健康増進「アクション」といった3つの面で取り組みを推進しています。

商品面では、定期的な〝けんしん〟受診を後押しする「〝けんしん〟応援型」の健康増進保険を提供しており、その一つである「ベストスタイル 健康キャッシュバック」では、加入者に対し、提出された健康診断結果に応じてキャッシュバックをお支払いしており、多くの皆さまにご利用いただいています。

サービス面では、「ベストスタイル 健康キャッシュバック」加入者などに「MY健活レポート」を提供しています。「MY健活レポート」は、毎年提出される健康診断結果をもとに約160万人分の医療ビッグデータを活用し分析した一人ひとりのための健康情報レポートです。「MY健活レポート」では、疾病の発症リスク予測や健康診断結果に応じた健康アドバイスを提供しています。

2024年からは「ベストスタイル」加入者約130万人分の医療ビッグデータを活用して独

自に開発した、オリジナル指標「健活年齢」を展開するなど、「MY健活レポート」の内容を高度化しました。

アクション面では、顧客や地域住民の健康づくりをサポートするイベントなどを案内しています。具体的には、歯科医師会と協働で実施している口腔ケアセミナー、日本健康麻将協会との協働による「健康マージャン」などさまざまなイベントを開催しています。

このほか、全国の自治体や道の駅と協働した手軽に健康がチェックできるイベント「明治安田の健康チェック」も開催しています。またその一つとして2024年から、弘前大学が独自の研究をもとに開発した「QOL健診」をベースに、同大学との共同研究成果を踏まえ、明治安田版にアレンジした健康啓発型イベント「QOL健診 明治安田×弘前大学」を開催しています。

「みんなの健活プロジェクト」における〝けんしん〟（定期健康診断・がん検診等）受診と疾病「予防」を後押しする取り組みの結果、「ベストスタイル 健康キャッシュバック」加入者において健康意識の向上が見られたほか、加入期間に応じた、総合的な健康状態の改善効果が見られました。

具体的には、健康診断結果データをもとに、総合的な健康状態を年齢で表す「健康年齢®」[※1]を統計的に算出のうえ、健康年齢と実年齢の差である「健康年齢差」[※2]を分析したところ、加入5年経過後に提出された健康診断結果の「健康年齢差」は、加入直後よりも平均で約1・4歳改善していました。また、「ベストスタイル 健康キャッシュバック」の加入者に対するアンケート調査の結果、直近1年間で健康意識が高まった人の割合[※3]は75・3%となり、未加入者よりも12・8ポイント高いことが確認されました。

健康診断結果の改善状況では、多くの方においてＢＭＩ・血糖値・肝機能・中性脂肪・血圧の数値が改善しています※4。

弘前大学ＣＯＩへの参加で「未病に関する共同研究」に取り組む

明治安田は２０１８年に弘前大学ＣＯＩへ参画しています。弘前大学ＣＯＩでは、「未病予測モデルの開発」として、健康診断結果から算出可能な未病予測モデルの研究を行っています。さらに「未病教育を通じた改善・予防プログラムの開発」に取り組み、「ＱＯＬ健診 明治安田×弘前大学」を開発しました。

弘前大学ＣＯＩでの研究成果は「みんなの健活プロジェクト」を通じて、全国の約3万６０００人の営業職員（「ＭＹリンクコーディネーター」等）が顧客や地域住民に届けています。

（本内容は２０２４年1月時点／組織・所属・役職は当時のもの）

※1：「健康年齢®」は㈱JMDC社の登録商標
※2：健康年齢が実年齢より若いほど（「健康年齢差」のマイナス幅が大きいほど）、同性・同年代と比べて入院などの可能性が低いことを意味します
※3：「ベストスタイル 健康キャッシュバック」加入者。従来から健康意識が高く、その状態を維持している人を含む（明治安田生命実施の2024年度健康に関するアンケート調査）
※4：「ベストスタイル 健康キャッシュバック」加入者で「健康サポート・キャッシュバック」の支払いが2回以上完了している人のうち、直近の健康診断結果の数値が、最も悪かったときの数値から一定程度以上改善した人の割合（2023年11月調査）。BMI値は30kg／㎡以上の人が1kg／㎡以上低下。血糖値は100mg／dℓ以上の人が10mg／dℓ以上低下。γ-GTP値は50U／L以上の人が10U／L以上低下。中性脂肪値は150mg／dℓ以上の人が10mg／dℓ以上低下。血圧（収縮期）は130mmHg以上の人が10mmHg以上低下

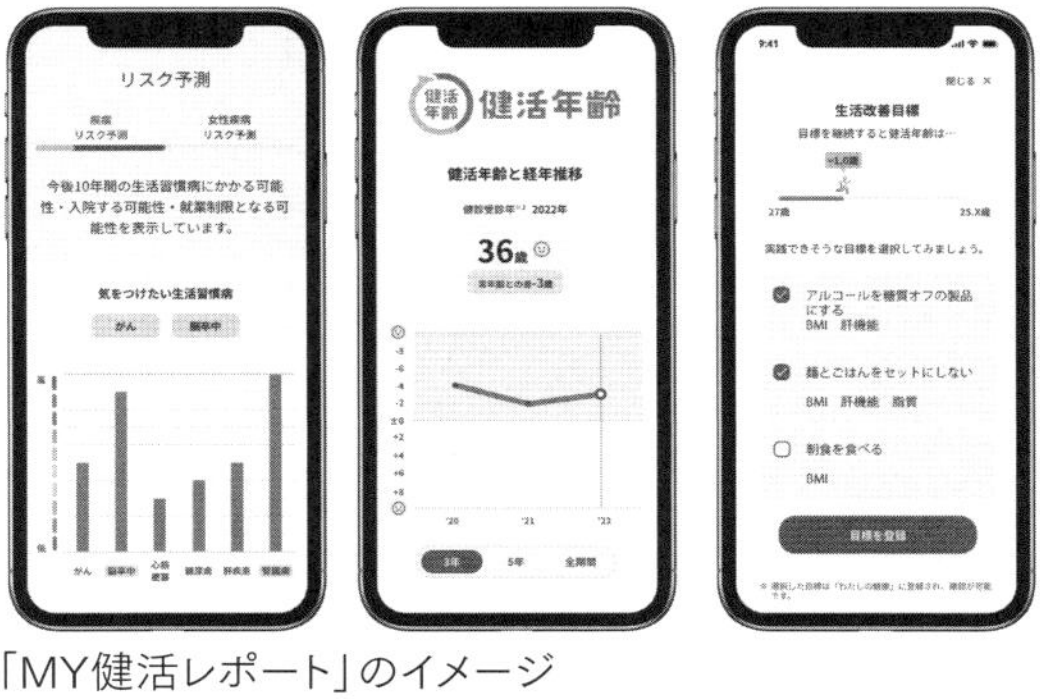

「MY健活レポート」のイメージ

小林製薬株式会社

見過ごされがちな「お困りごと」を解決し、人々の可能性を支援する

1919年に医薬品、芳香消臭剤、衛生雑貨品などの製造販売を行う企業として創業したのが小林製薬。コーポレートブランドスローガンは「〝あったらいいな〟をカタチにする」。日々変化し進化するお客さまのニーズを解決するだけではなく、お客さまも気づいていない必要なものを発見し、カタチにして一刻も早く送り届けることが小林製薬の使命です。

小林製薬は医薬品だけにとどまらず、芳香消臭剤や衛生雑貨品、オーラルケア、スキンケアといった幅広い領域において製品を展開し、現在のブランド数は約150を超えます。

小林製薬の経営理念は「我々は、絶えざる創造と革新によって新しいものを求め続け、人と社会に素晴らしい『快』を提供する」。現在の経営理念は、1999年に従来の経営理念に、小林製薬の特徴の一つである「創造と革新」及び「Something New Something Different」の意味を加え、新たに作成したもので、この経営理念にある、人と社会に向けた『快』の提供を追求することが

小林製薬の存在意義と考えています。

小林製薬は50年にわたり「〝あったらいいな〟をカタチにする」ことで、「ブルーレット」や「熱さまシート」「アイボン」「サラサーティ」「糸ようじ」といった数多くの製品を生み出しました。それらは新しい生活習慣をつくり、新しい市場を創造したと言えます。なぜなら、それらの製品の多くは特定の「お困りごと」に着目した〝ニッチ製品〟だからです。小林製薬が生み出す〝ニッチ製品〟は大部分の人にとってはなくてもよいものに見えますが、「お困りごと」を持つお客さまにとってはなくてはならない、むしろ、ほかにはないかけがえのない存在です。

もし小林製薬がそのような製品を手掛けていなければ、特定のお客さまの「お困りごと」は取り残されてしまい、その人は今でも我慢し続けているはずです。したがってこれらの製品はお客さまの快適な生活や社会での活躍をもサポートしているのです。「一つひとつのニッチ製品が社会に貢献している」――これこそ社会に存在している意義なのだと考えた小林製薬は、「見過ごされがちなお困りごとを解決し、人々の可能性を支援する」をパーパスとして明文化しました。

このパーパスには、従来の経営理念になかった概念を追加しています。それは見過ごされがちなお困りごとを解決するための今までにない「技術」です。小林製薬は新しいアイディアを生み出すことを大切にし、それを製品として提供していますが、ロングセラーとなった製品には、研究開発活動を通じて新たな技術を獲得してきたものが数多くあります。また、昨今のデジタル技術の進化といった外部環境の変化を踏まえ、デジタル技術への投資を積極的に行っていくという思いもパーパスには込められています。

“あったらいいな”をカタチにする小林製薬のオーラルケア

小林製薬が１９８７年に発売した「糸ようじ」は、デンタルフロスとつまようじを一体化させた歯間清掃具です。開発のきっかけは、新幹線の車内で外国人女性が人目を避けるようにしてデンタルフロスを使っているのを小林製薬の社員が見かけ、「一体あれは何だ！」と衝撃を受けたことが始まりです。当時、欧米で主流だったデンタルフロスは、日本でも歯科医院で推奨され始めてはいましたが、歯間清掃の習慣自体が定着していなかったこと、つまようじに慣れた日本人には糸タイプのフロスは使いづらかったこともあり、まだ一般的に普及していませんでした。そこで、使いやすく、汚れが手軽に確実に取れるものをめざし試作を重ね、その数は数百種類にものぼりました。また、試作品のモニターも当初は社内ボランティア約50人でしたが、最終段階では社員とその家族を含め数百人になりました。この結果、一方に弓型にフロスが張られ、もう一方にはカギ状にカーブしたつまようじで、奥歯の歯間や、歯の裏側などの食べかすも取り除ける現在の形状に辿り着きました。製品の特性に加え、日本で浸透していなかった歯間清掃具の必要性を伝えるために、発売直後からテレビCMを開始しました。テレビCMで「歯の間みがき」を訴求した結果、「糸ようじ」は多くの人々の生活に浸透し、歯間清掃という新習慣を創造しました。

小林製薬は「糸ようじ」のほかにも、歯間ブラシに対する「歯ぐきを傷つけたくない」というニーズに注目して開発したゴム製の「やわらか歯間ブラシ」や、歯グキの腫れや出血を伴う歯槽膿漏を防ぐ「生葉」、ニンニク料理やアルコールを摂取した後にお腹の中から息をリフレッシュする「ブレスケア」など、さまざまなニーズに応えたオーラルケア製品を開発してきました。これからも暮らしを視つめ、お客の声に耳を傾け、オーラルケアの〝あったらいいな〟をカタチにすることで、歯の健康から生活者一人ひとりの身体の健康に貢献していきたいと小林製薬は願っています。

弘前COIでは研究領域に口腔機能を加える

近年、口腔の状態と全身の健康との関連性や適切なオーラルケアが生活習慣病の予防につながる可能性が指摘されており、当該研究の発展が期待されています。小林製薬は2023年2月に弘前大学と共同研究講座「オーラルヘルスサイエンス学講座」を開設し、同年7月18日に開設式が行われました。同講座では弘前大学大学院医学研究科歯科口腔外科学講座の小林恒教授のもと、

「岩木健康増進プロジェクト・健診」の超多項目健康ビッグデータを活用し、小林製薬の歯科口腔研究の知見・技術を融合させ、口腔環境と全身の健康状態との関係性を解明することをめざしています。また、性ホルモンや認知機能の変化と全身の健康状態の関係性についても、研究を進めています。

（本内容は2023年9月時点／組織・所属・役職は当時のもの）

株式会社**資生堂**

皮膚科学研究・感性科学研究×データサイエンスでイノベーションを

資生堂は、化粧品での国内シェア第1位※、世界シェアでも第8位※、言わずと知れた世界有数のビューティ企業です。「美」の力を通じて人々に幸せを提供できる、特別な日本企業ともいえます。2030年には「PERSONAL BEAUTY WELLNESS COMPANY」として、生涯を通じて一人ひとりの自分らしい健康美を実現する企業となることをめざしています。

1872年に福原有信氏が東京・銀座にわが国初の民間洋風調剤薬局として創業したのが原点です。150年という長い歴史の中で、西洋思想と東洋思想を融合させて日本発の独自の化粧文化を進化させ続け、その価値を広げてきました。圧倒的な肌研究の知見と、絶対的な品質と安全性により、世界中からの信頼を確立し、いよいよ次の150年に向けて、新たな成長への道を歩みだしました。

資生堂の使命は「BEAUTY INNOVATIONS FOR A BETTER WORLD（美の力でよりよい世界を）」。さまざまなイノベーションに積極的に取り組み、美の力を通じて、世界中の人々を美しく、笑顔にあふれ、希望に満ちた日々を創出し、「世界で勝てる日本発のグローバルビューティーカンパニー」をめざしています。

2023年からは「守り」から「攻め」に転じ、資生堂のさらなる発展に向けた新たな中期経営戦略「SHIFT 2025 and Beyond」がスタート。価値創造のドライバーである「ブランド」「イノベーション」「人財」の3領域に集中的に投資を行っています。

ブランドに関しては、明確なポートフォリオ戦略を策定しています。「SHISEIDO」「クレ・ド・ポー ボーテ」「NARS」を事業の柱としてグローバルで強いブランドとして育成するコア3ブランドとし、ネクスト5として、サンケア「ANESSA」、フレグランス「Narciso Rodriguez」、「ISSEY MIYAKE」、「エリクシール」、「DRUNK ELEPHANT™」を定め、ローカルニーズを取り込み育成することを掲げています。

さらに、データサイエンスと測定による新たなスキンビューティ体験など、生活者の期待を大きく超える、化粧品に次ぐ新領域・新カテゴリーを創出するイノベーションは中長期的な企業成長の柱ともなります。新たな研究領域では、資生堂の先進サイエンスである「Beauty Artscape®」により、人間の全体性（肌・身体・心の関係性）に着目し美を科学することで、見えないものを見える化し、未来の美の可能性を広げることをめざしています。

また、人材への投資としては、２０２３年11月30日にグローバル人財開発施設「Shiseido Future University」を、創業の地である銀座にオープンしました。最先端でグローバルレベルのビジネススクールの学びと、資生堂のヘリテージ、美やアートの感性を掛け合わせ、新たな時代のリーダーシップなどを身に付けるユニークな施設で、今後の資生堂の発展を担う重要拠点と位置づけ、資生堂の経営理念「PEOPLE FIRST」を推進していきます。

「PERSONAL BEAUTY WELLNESS COMPANY」の実現をめざす

資生堂は、より質の高い価値の提供に向けた研究成果や知見の創出を強化するべく、２０２１

年に研究開発機能全体を整理・統合しています。ブランドと一体となってスピーディな商品開発を担う「ブランド価値開発研究所」と、中長期のシーズを積極的に生み出し、新領域における価値創造・事業開発を行う「みらい開発研究所」とに再編しました。また、一見相反するように見える価値や両立するのが難しい価値を巧みに融合し、唯一無二の新たな価値を生み出すという、資生堂独自の研究開発理念「DYNAMIC HARMONY」を定めました。

この理念のもと、資生堂は「PERSONAL BEAUTY WELLNESS COMPANY」の実現に向けて、研究開発戦略の3本柱として、「Skin Beauty INNOVATION」「Sustainability INNOVATION」「Future Beauty INNOVATION」を策定しています。また、それらのイノベーションを加速するアプローチとして、国内外の大学等研究機関・異業種・スタートアップとの共創も積極的に推進しています。

「ビューティーウェルネス学研究講座」を開設

研究開発戦略の3本柱の一つである「Future Beauty INNOVATION」の取り組みとして、資生堂は、肌・身体・心のつながりを解明する独自の先進サイエンス「Beauty Artscape®」の研究を進めており、2022年4月、弘前大学と共同研究講座「ビューティーウェルネス学研究講座」を開設しました。

近年、科学技術の発展によって、身体・心の状態をより詳細に観察・分析することが可能になり、またそれらと肌との関連が少しずつ明らかになりつつあります。肌の美しさは、見た目だけではなく、人の行動や幸福感・充足感、ひいては個々人の生活の質の向上につながります。そこで、より広い視野と技術で、変化する社会環境や生活者ニーズに迅速かつ幅広く対応することをめざして、弘前大学との連携を開始しました。

資生堂の強みの研究領域である皮膚科学研究や感性科学研究、近年、積極的に取り組んでいる体の内外に関するホリスティック研究により培った測定・解析技術などの知見を活かし、弘前大学の岩木健診の超多項目健康ビッグデータと掛け合わせることで、肌と身体、心の関係性を科学的に解き明かすべく研究開発を進めていきます。

（本内容は２０２３年11月時点／組織・所属・役職等は当時のもの）

※：WWD Beauty Inc's The 2023 Top100 Beauty Companies

株式会社ディー・エヌ・エー

エンターテインメント事業の知見を社会課題の解決へ活かす

ディー・エヌ・エー（ＤｅＮＡ）は１９９９年3月、インターネット上のオークションサイトの企画・運営会社としてスタートしました。社名はＤＮＡ（遺伝子）とｅコマース（電子商取引）を組み合わせたもので、「ｅコマースの新しい遺伝子を世の中に広めていく〝ＤＮＡ〟でありたい」という意味が込められています。

その後、モバイルオークション、スマートフォン用ゲームの開発・配信やＳＮＳサイトの運営等を行う一方で、横浜ＤｅＮＡベイスターズをはじめとしたスポーツ・スマートシティ、ライブコミュニティ、メディカルなど事業領域を広げ、近年はヘルスケア事業にも力を入れています。

ＤｅＮＡは、創業以来20年以上にわたって、インターネットやＡＩを駆使して「永久ベンチャー」の精神で挑戦を続けています。エンターテインメント領域と社会課題領域の両軸で事業を展開しており、エンタメ等既存事業で培った知見を事業領域に囚われずに社会課題領域の挑戦に活かし、そこから得られる新たな学びを既存事業にも活かしていく構造が、ユニークな強みになりつつあります。

近年、グローバル化の進展とその反動、デジタル社会の進展による価値観の多様化・複雑化により、国家主体の世界システムへの懐疑が深まる中、コロナ禍以降、地理的・心理的分断を加速し、社会や個人が拠るべき理念の正当性が揺らいでいます。

この不可逆な変化に翻弄されることなく、人類の未来への希望につながる普遍的な価値を創造できる企業をめざして、DeNAは2021年に「一人ひとりに 想像を超えるDelightを」という新しいミッションを掲げました。一人ひとりの生きる意味と価値を大切にし、スポットライトを当てるような、あっと驚く新しいDelightを届けることで、多様性・複雑性を許容する、21世紀の彩り豊かな生活や公共の形成に貢献するという意味が込められています。

ヘルスケアエンターテインメントアプリ「kencom」

DeNAはヘルスケアの世界に挑戦しています。DeNAらしく、あくまでも「楽しみながら、健康に」をめざしています。そして、開発されたのがヘルスケアエンターテインメントアプリ「kencom」です。

「あなたの健康データがいつでも、どこでも見られます」をモットーとする「kencom」アプリは、健康に大きく寄与すると言われている歩数をアプリが自動で記録し、加えて体重・血圧なども記録することができます。これにより厚生労働省が推進する「データヘルス計画」に取り組む健康保険組合や自治体とともに、アプリ利用者の健康をサポートします。

「kencom」アプリでは、健診結果などの健康データや歩数・体重などのライフログを、パソコンやスマートフォンで簡単に、いつでも見られます。疾患の発症リスクを「ひさやま元気予報」として表示したり、健康状態の過去の変化をグラフでわかりやすく確認したりすることができるほか、アプリを使うたびにポイントが貯まり、ポイントでプレゼントが当たるルーレットに挑戦できます。

また、医師や栄養士、トレーナーによる健康増進に向けた情報を、個人の健康状態や志向に合わせて、最適なおすすめコンテンツとして毎日配信しています。コンテンツは、健康関連のニュースだけでなく、利用者のライフスタイル・ステージに合わせた役立つ情報が盛りだくさんです。

ペイフォーサクセスなどを活用した健康増進と地域経済活性化の実現

ＤｅＮＡのグループ会社であるＤｅＳＣヘルスケアは、健康保険組合や自治体等にヘルスケアエンターテインメントアプリ「kencom」を提供し、アプリは健保・自治体等の合計１２５団体・約７９３万人に利用されています。また、同じくグループ会社であるデータホライゾンとともに、自治体や健康保険組合向けの保健事業を加速させることで生活者の健康増進をサポートし、医療費の適正化に貢献するようなデータの利活用にも共同で取り組んでいます。

弘前大学ＣＯＩ－ＮＥＸＴを通じて、大学等や地域の独自性・強みに基づく産学官共創拠点の形成を推進し、国の成長と地方創生に貢献するとともに、大学等が主導する知識集約型社会への変革を促進しています。

ＤｅＮＡグループはペイフォーサクセス、ソーシャルインパクトボンド等を活用して地域を健康にする事業への投資を促進しています。そのための基盤整備として、弘前大学ＣＯＩが長年培ってきた住民との顔の見える厚い信頼関係の強みを活かしながら、人材育成・データ利活用環境の両面からソーシャルキャピタルの充実を図ります。

ライオン株式会社

既存ビジネスの進化と新たなビジネスモデルの創出に挑戦

ライオンは1891年の創業以来、習慣づくりを通じて社会に貢献する活動を一貫して続けています。

習慣には大きなチカラがあり、生活の大部分を占める日常の気の進まないことを前向きな体験、すなわちPositive Habitsに変えていくことで、幸せの総和を増やしていくことができます。ライオンはこのような考えのもと、パーパスを「より良い習慣づくりで、人々の毎日に貢献する（ReDesign）」と定め、健康や清潔のための習慣づくりをお手伝いする事業活動を展開しています。

ライオンは130年余りの長きにわたって、ハミガキやハンドソープ、洗濯用洗剤などの生活必需品を消費者に届けるとともに、さまざまな事業活動を通じて、日々の習慣づくりに貢献しながら事業を発展させてきました。

企業理念をシンプルに表したものが、企業スローガン「今日を愛する」です。人の一生は、

〝今日〟という一日一日を積み重ねたものであり、毎日を、前向きに、充実して生きることこそが、幸せの本質であり、人々が愛する大切な〝今日〟という日々のくらしに貢献していくという決意が込められています。

さらに、「今日を愛する」には、〝今日〟だけではなく〝未来〟の意味も込めています。価値ある未来に向かって、めぐりくる〝今日〟という一日一日を、この瞬間をいとおしみながら、丁寧に前向きに生きていくこと。そんな一人ひとりの毎日を、よりよい習慣づくりを通じて支え、サステナブルな社会への貢献に取り組み続けることが、創業から受け継がれてきた想いでもあり、ライオンの基盤となるものです。

企業が果たすべき社会的な役割、責任が一層増加してきている中、事業を通じて社会課題の解決に貢献し続ける企業への進化を加速させるため、ライオングループはパーパスを起点とし、中長期経営戦略フレーム「Vision2030」を策定。2030年に向けた経営ビジョン「次世代ヘルスケアのリーディングカンパニーへ」を掲げて、その実現への企業活動を進めています。

弘前大学ＣＯＩでは行動変容による口腔状態改善を確認

ライオンは弘前大学ＣＯＩに２０１６年から参加しており、多項目唾液検査システム（ＳＭＴ：唾液により「歯の健康」、「歯ぐきの健康」、「口腔清潔度」に関する6項目〈むし歯菌、酸性度、緩衝能、白血球、タンパク質、アンモニア〉を5分間で測定可能）と質問紙調査、口腔内カメラを複合的に活用した「口腔内検査システム」を新たに開発して、弘前大学と実証実験を共同で行いました。この実証実験では、弘前市職員80人を対象とし、初回健診時と６カ月後健診時の調査結果を比較しています（２０１８年7月〜２０１９年1月）。

検査結果は健診当日に受診者にフィードバックし、その直後に検査結果に基づく口腔保健指導を行いました。その結果、受診者の行動が変化し、口腔状態が改善されることを確認しています。具体的には、歯科医院での定期健診受診者数や歯みがき指導経験者数が増加、平日の歯みがき回数及びデンタルリンスの使用頻度が増加しました。さらに、歯肉の出血「あり」の人数が52人（65％）から、６カ月後には25人（32％）と大幅に改善。唾液中の白血球も「多め」判定が36人（45％）だったものが、６カ月後には25人（32％）に改善しました（研究は厚生労働科学研究費を用いて実施）。

この研究は、健診受診者の意識が変わって行動が変わり、結果も変わったという、まさに啓発型健診のモデルケースとなっています。

そのほかの岩木健診のビッグデータとの連携で明確になったいくつかの研究結果に関しては、現在も論文化に向けて検討中です。

弘前大学ＣＯＩ卒業後も現地で続くスピンアウト研究

ライオンは、２０２２年に弘前大学ＣＯＩを卒業しています。しかし、その後も青森県黒石市と弘前大学と共同で、黒石市内の全小学校を対象に、子どもの歯並び（歯列）と生活習慣の関係性に関する調査研究を２０１９年からこれまで継続して実施しています。この調査結果からは、「歯が部分的に重なる状態（叢生）と口呼吸」、「叢生と姿勢」に関連性がある可能性を見出しています。

このような市内全小学校を対象とした経年調査は、全国としても非常にめずらしい取り組みとなっています。

ライオンでは、口を起点とした健康寿命延伸実現への貢献を「ＬＩＯＮオーラルヘルスイニシアチブ」として展開しており、この研究もその一つとして実施されています。

（本内容は2023年10月時点／組織・所属・役職等は当時のもの）

クラシエ株式会社

企業理念は「しるし」

クラシエは「人を想いつづける」を基本理念に、シャンプー・ボディソープなどの日用品事業、漢方薬を中心とした薬品事業、そして菓子・アイスなどのフーズ事業を展開しています。2023年10月には統合・再編により、クラシエ株式会社に社名変更、世界を夢中にする100年企業をめざして新たなステージにステップアップしています。

クラシエの企業理念は「しるし」です。グループの企業活動を、一貫性を持って継続してゆくために欠かすことのできない拠りどころ、つまり「背骨」となっています。

クラシエは常に常識を疑い、固定観念を捨て去り、異分野の技術、異なる製品、異次元のシーン、キャリアの違う人たちと新しい関係を築きながら、誰よりも真剣に夢中に挑戦しています。クラシエのすべての企業活動の前提となるものが基本理念「人を想いつづける」であり、あやふやで自己満足的な想いではなく、クラシエが存在し、生きていくための価値観がその基本理念に刻み込まれています。

そして次の100年へ進むために、クラシエのありたい姿が企業ビジョンの「CRAZY KRACIE」という言葉に表れています。クラシエが示す「CRAZY」には、「感動する」「驚愕の」「物凄い」という意味が含まれています。たくさんの新しい関係が生み出す未知との遭遇や新しい発想によって、変化に適応した新しい価値を創造し続けることが「CRAZY KRACIE」です。

2020年1月には新しいスローガンとして、「夢中になれる明日」を掲げました。これはお客さまやお取引先さま、そして社会のさまざまな生活者に対するクラシエの約束でもあります。クラシエの商品が「夢中になれる明日」へのきっかけとなり、「夢中になれる明日」を生きる人々に役立つ企業でありたいという想いの表明です。

クラシエは3つの事業の強みを活かし、お客さまが求める暮らしのニーズや生活の細部を深く理解することで、心から満足いただけるユニークで価値の高い商品やサービスを提供していきます。

そして何よりも安心で安全なものづくり、品質と使いやすさにこだわった商品をお客さまに届け、持続可能な社会への取り組みを進めてまいります。さらに既存3事業に加えて、新たに「快適」領域での新事業立ち上げも視野に研究開発を行っています。

弘前大学COIでは「冷え」の科学的解明をターゲットに研究

クラシエは、これまでに漢方に関わる多くの研究を手掛け、生薬の有効成分の研究を行い、天然物の価値を見出してきた実績があります。

こうした中でクラシエが弘前大学COIでの取り組みとして着目したのが「冷え症」です。冷え症は西洋医学では原因を特定できず、治療の対象とは見なされない一方で、東洋医学では〝万病の元〟とされ、根本治療も可能とされています。さらに冷え症といっても、東洋医学の観点では多くのタイプに分類されており、本来は症状や原因に合わせた別々の対処法が必要ですが、冷え症の症状や原因を正確に見定めることは、従来の診断方法では非常に困難でした。

そこでクラシエは「冷え」を科学的に解明し、生活の質の維持向上につなげるため、青森県弘前市で行われている岩木健診にて調査を開始しました。2018年4月から共同研究講座「QOL推進医学講座」を開設して弘前大学COIに本格的に参画し、すでに8年目を迎えています。2024年1月からは、共同研究を発展的に進めるために「Well-being推進医科学講座」に講座名を改め、「冷え」や「ライフステージ変化」で起こり得る不調の関連因子及び原因を解明し、ライフコースに沿ったwell-beingの推進に貢献する商品・サービスの開発をめざしています。

岩木健診では「冷えのアンケート」とともに、「指先の温度」と「指先の毛細血管画像」、「指先の血流」を測定することによってデータを蓄積、超多項目ビッグデータから冷えの重要因子である「Cペプチド」を特定し、「冷え保有者における冷えの原因が、腎機能低下、水分代謝異常又は副腎疲労にあることを判定する判定用マーカー、判定方法、及び判定するための判定用キット」を開発、特許出願を行い、登録されています。

クラシエでは今後、弘前大学COIのビッグデータを活用して冷えの実態を明らかにし、漢方医学的な観点から、ライフステージ・体質に応じた一人ひとりのwell-being推進方法を確立し、商品やサービスの開発につなげたい考えです。また、こうしたビッグデータと健康に関わる取り組みの一環として、弘前大学COIの産学官民連携プラットフォームを活用し、「スマホアプリを活用した毛細血管計測」など、日常生活の中でリアルタイムに個人の行動変容を正しく誘導できるツールの開発、健康管理支援サービスへの応用にも取り組んでいく予定です。

（本内容は2024年1月時点／組織・所属・役職等は当時のもの）

株式会社ミルテル

世界唯一の「Gテール」測定

2012年に広島大学発のスタートアップ企業として設立されたのがミルテルです。見えない健康・病気を〝見える化〟するために、「リキッドバイオプシー（血液や唾液などの体液サンプルを用いてゲノム解析を行う検査）」と「データサイエンス」を活用し、人々の抱える健康や病気の不安や希望をサイエンスで〝見える化〟する最先端の検査を提供する企業です。

ミルテルが弘前大学の岩木健診でも実施しているのが「テロメアテスト」。テロメアとは、染色体の端にある構造体で、染色体の中にある重要な遺伝子情報を守っています。細胞の老化を決める重要な構造体でもあり、加齢による疾患にも関連しています。「テロメアテスト」では、この「テロメア」を解析し、持って生まれた「遺伝子の強さ」や、日々受けるストレスによる「遺伝子の疲労度」を測定します。

特に、テロメアの疲労度を測る対象となるのが、テロメアの端にある「Gテール」です。この「Gテール」は二重らせん構造のテロメアの端にある1本鎖構造のもので、これが短縮すると、疾患が発症しやすい状態になります。

この「Gテール」は、生活環境などの改善によって、伸ばすことができます。つまり「テロメアテスト」の検査結果を基に、生活習慣や食事の改善を図ることで老化や加齢に伴って起こる疾患を予防していくことができます。特に「Gテール」の長さが測定できるのは、世界でもミルテルだけです。

もうひとつ、ミルテルが力を入れているのが、2023年6月からスタートした「スキャンテスト」。がん患者において変化する唾液中のポリアミンのバランスを調べて、早期発見をサポートするがんのリスク検査です。

がんに罹患すると、いくつかのポリアミンが増加することがわかっており、健康な人とがんの人ではそれぞれのポリアミンのバランスに違いが見られます。「スキャンテスト」では、唾液中のポリアミンを検出して、がんの方特有のバランスと照合して解析することで、がんの罹患リスクを判定することができます。

唾液は身体をめぐる血液をもとにして唾液腺でつくられるため、血液中の成分が反映されていることも多く、血液同様に身体の状態を知るためのさまざまな情報が含まれていると考えられています。さらにこの検査には、ミルテルが持つ「唾液をマイナス20℃~60℃の温度変化でも1週間安定させる技術」が応用されており、郵送で対応することができるのも大きな特徴です。

さらに、ミルテルは「次世代型がんスクリーニング検査」の開発にも着手しています。これは、血中のマイクロRNA解析ノウハウを活用、AIによる解析技術、販売ネットワークの強み、質量分析（LC－MS／MS）を活かした検査になります。また、帝人グループのNOMONと医療機関向け血中ニコチンアミドアデニンジヌクレオチド（NAD$^+$）測定サービス「NAD$^+$Test」及び受託研究向けの血中NAD$^+$測定サービスも開始。2024年より、高感度プロテオーム解析のプラットフォーム（Olink）も導入し、受託研究にも力を入れています。

「健康データを、使う側に寄り添った、しかも今までにないかたちで安価にお届けする。人々がそれに気づきを得て行動変容を起こす」――ミルテルはそんな近未来をめざしています。

（本内容は2024年1月時点）

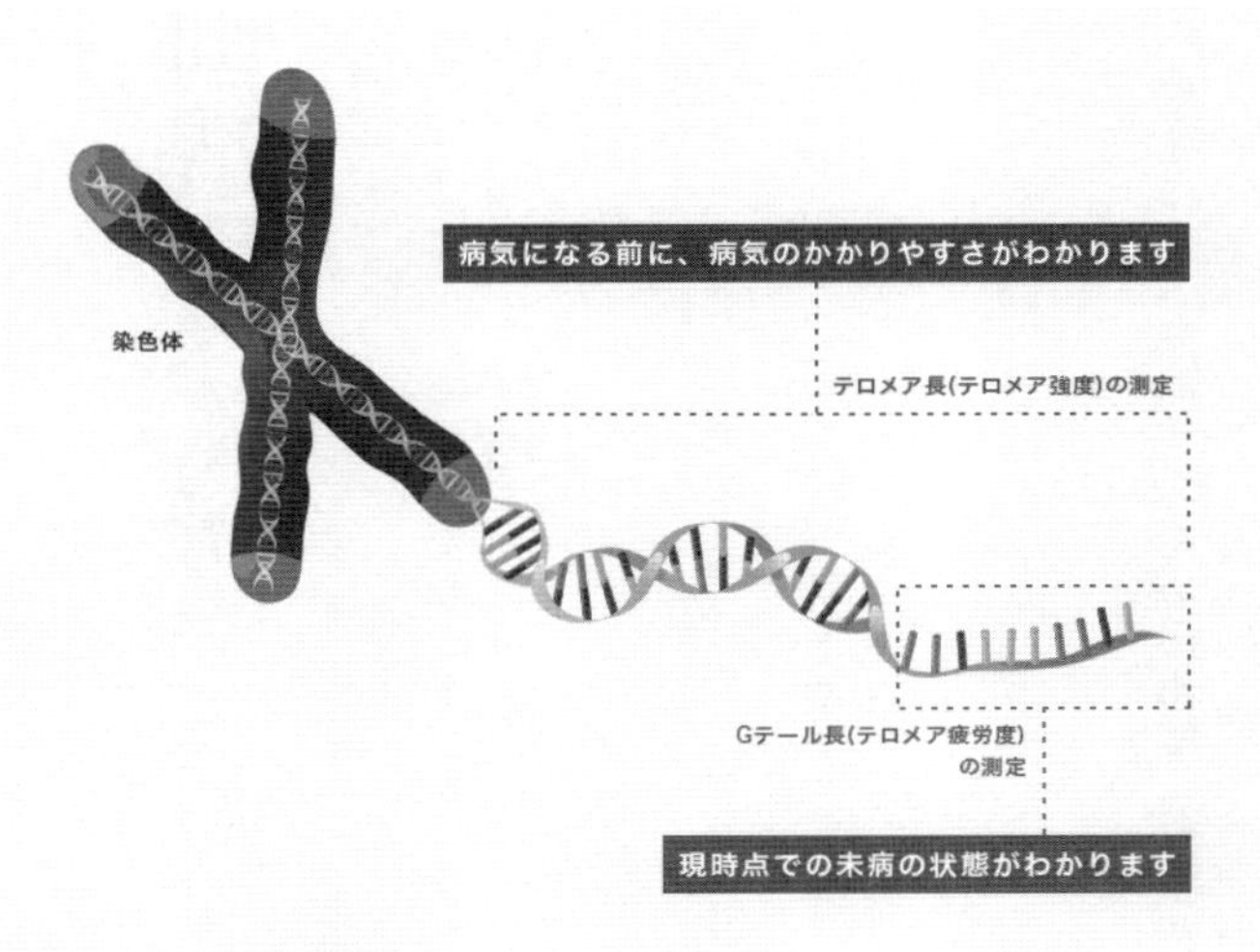

「テロメアテスト」のイメージ

雪印メグミルク株式会社

〝乳〟の新たな価値を創造すべく研究に取り組む

牛乳やチーズ、バター、ヨーグルトなどで有名な雪印メグミルクのコーポレートスローガンは「未来は、ミルクの中にある」。安全で安心な乳製品を消費者に届けるとともに、〝乳〟の新たな価値を創造すべく研究に取り組んでいます。

雪印メグミルクと言えば「6Pチーズ」「スライスチーズ」「さけるチーズ」や、ロングセラー商品である「雪印北海道バター」「雪印コーヒー」「ネオソフト」などを思い浮かべる人も多いかと思います。また、近年の健康志向の高まりを受けて、内臓脂肪を減らすのを助ける「恵megumi ガセリ菌SP株ヨーグルト」や、骨密度を高める「MBP®」を配合した「MBPドリンク」など数々の機能性表示食品も販売しています。

前身企業の1つである「雪印乳業」のスタートは、農家による酪農家のための組織「有限責任北海道製酪販売組合」で、「健土健民」の精神を掲げて出発しています。「健土健民」とは、「酪農は大地の力を豊かにし、その豊かな大地から生み出された牛乳・乳製品は、最高の栄養食品として、健やかな精神と強靭な身体を育む」ということを意味します。

雪印メグミルクグループはその精神のもと、「消費者重視経営の実践」「酪農生産への貢献」「乳（ミルク）にこだわる」の３つの企業理念に基づき、いつの時代にも社会から必要とされる会社となることをめざしています。消費者基本法に定められた消費者の権利と事業者の責務をしっかりと認識して、安全で安心な商品・サービスを提供すること、可能な限りの情報提供、情報開示を行うこと、消費者の声を傾聴して経営に反映していくこと、危機管理の体制を整えて不測の事態に迅速かつ適切に対応していくことを基本姿勢としています。一方、酪農生産者のよきパートナーとして信頼関係を深め、乳の価値をしっかりと伝えて牛乳・乳製品の需要拡大を実現することで、国内酪農生産の基盤の強化と持続的発展に貢献することとしています。

さらに、ミルクの持つ無限の可能性を信じてミルクに向き合い、ミルクにこだわり続けることで、その可能性を深めて価値を高め、ミルクを世界に拡げていくことを実現していくことをめざしています。そのために、健康研究で得られた成果と培ってきた技術をものづくりへ反映させ、牛乳（ミルク）の価値を高める商品を上市して、個人や集団によって異なる健康課題の解決に貢献していくことを企業の使命と考えています。

雪印メグミルクは２０１２年から弘前大学に「ソーシャルマネージメント医学講座」を開設して健康ビジネスモデルの構築の研究や「ＭＢＰ®」を用いた研究なども行っていましたが、２０２３年には新たに共同研究講座「ミルク栄養学研究講座」を開設しました。今後は、腸内菌叢の役割を解明するため、岩木健診のビッグデータをもとに、乳製品摂取をはじめとする食事パターンと腸内菌叢の関連において集団及び個人の健康状態への影響を調べていくと同時に、これらの研究を担うデータサイエンティストの養成にも力を入れていく方針です。

（本内容は２０２３年５月時点）

協和発酵バイオ株式会社

医療品・健康食品・健康長寿支援・乳児の健康の4分野に注力

協和発酵バイオは、独自の発酵技術で各種アミノ酸や医薬品原料などを製造・販売するバイオケミカル企業です。２００８年に前身の協和発酵工業（１９４９年設立）からバイオケミカル事業の分社化によって設立され、２０１９年にはキリンホールディングスの直接子会社となりました。

協和発酵バイオは創立当時から、世界の人々の健康と豊かさに貢献すべく、斬新な発想で開発した医薬品原薬やヘルスケア素材を提供してきました。特に、世界トップレベルの発酵・精製技術を応用した独自素材の開発力には定評があり、近年は新たにヒトミルクオリゴ糖（ＨＭＯｓ）の製造・販売を開始するなど、グローバルな社会課題に対し、バイオケミカルの先端技術を駆使したソリューションを提供しています。

２０２７年までの長期計画では、めざす姿として「バイオケミカルの先端技術を駆使してグローバルな社会課題を解決すること」と「これにより人々の健康とサスティナブルな社会の実現に貢献すること」をビジョンに掲げており、「医療品・健康食品・健康長寿支援・乳児の健康」の４つが注力分野に設定されています。

現在、キリングループは「食から医にわたる領域で価値を創造し、世界のＣＳＶ（Creating Shared Value）先進企業となる」のビジョンのもと、ヘルスサイエンス領域の育成と強化に取り組んでおり、協和発酵バイオはキリングループの一員としてヘルスサイエンス戦略の中核を担う企業として期待されています。

また、保険者と連携して特に優良な健康経営を実践している法人として、経済産業省と日本健康会議により「健康経営優良法人２０２４（大規模法人部門）」の認定を２０２３年に引き続き受けています。グループ全体で健康経営を実践することを通じて、すべての社員が能力を最大限に発揮できる環境を整備し、「個人のワークとライフの充実」と「会社の持続的な成長」を同時に達成することをめざしており、柔軟な働き方を実現する制度や施策の推進、従業員のメンタルヘルスや生活習慣病予防への取り組み、お酒との付き合い方の啓発などに取り組んでいます。

協和発酵バイオは2015年から弘前大学の「岩木健康増進プロジェクト」に参加しており、2017年には「健康の気づきとなる新たな検査指標や疾患予兆法の開発」「予兆因子に基づいた予防法の開発」「健康啓発手法の開発」を目的に共同研究講座「先制栄養医学講座」を開設しました。2022年からは第2期の共同研究講座を継続しており、弘前大学が中心となって構築してきた健康ビッグデータを用いて、複数の疾患に適用可能な発症予測と予防に関するアルゴリズム開発や、特定の疾患の状態（リスク度合い等）を可視化する手法の開発などを進めており、これまでに、効果的な健康改善プランを提案するＡＩに関する研究成果を取得しています。

株式会社プリメディカ

「LOX-index®」「Flora Scan®」の展開に力を入れる

プリメディカは「病気のリスク検査から始まる予防医療を世の中に広く浸透させ、『医療費の増加』や平均寿命と健康寿命の差がもたらす『介護負担の増加』といった現代医療が抱える構造的な課題の解決を目指す」企業です。

主力サービスとして「LOX-index®」という検査サービスを全国の医療機関を通して展開しています。「LOX-index®」は、動脈硬化の進行から脳梗塞・心筋梗塞の発症リスクを評価する血液検査で、国内約2500人を対象とした約11年にわたる大型臨床研究の成果をベースに開発されました。

脳梗塞・心筋梗塞は、総患者数が国内で約200万人以上とも推計されています。日本では脳血管疾患、心疾患を原因として命を落とす方の合計数は死因1位のがんと同水準です。さらに突然死の死因の約6割を占めるともいわれています。

「LOX-index®」は動脈硬化の出発点でもある「血管の内側に脂質が取り込まれるメカニズム」に着目した検査です。血中で酸化変性した酸化変性LDL（LAB：超悪玉コレステロール）と、それに結合して動脈硬化を進行させるLOX－1という2つの物質を測定し、かけ合わせた値をLOX-index値として、脳梗塞・心筋梗塞の発症リスクを4段階で評価しています。

「LOX-index®」は全国の約2800を超える提携医療機関で受検でき、専用の検査結果報告書を受け取ることができます。報告書には脳梗塞・心筋梗塞の発症リスクを可視化した総合評価と、生活習慣改善のアドバイスが記載されており、検査結果報告書に加えて、詳細の解説冊子も受け取ることができます。また、受検した後のフォローとして、オンラインでの結果閲覧機能やメルマガの配信、相談プログラムの充実等にも力を入れています。直近では、「LOX-index®」は年間15万人が受検しており、医療機関で受検できる疾患リスク血液検査としては国内最大級の検査数となっています。もちろん弘前大学の岩木健診でも採用されています。

プリメディカでは近年、大きな話題となっている腸内細菌を測定する検査サービスとして「Flora Scan®」の展開にも力を入れています。

「Flora Scan®」は京都府立医科大学、摂南大学との三者共同研究によって得られた国内有数規模の日本人腸内細菌叢データベースを用いた検査サービスで、約1800人分の日本人の健常者と疾病有病者の腸内細菌叢データを統合解析したデータがベースとなっています。

「Flora Scan®」は腸内フローラを評価する指標として、日本人特有の腸内フローラタイプを5

つに定義して評価している点が特徴です。さらに各疾患（炎症性腸疾患や機能性胃腸症、肝疾患、内分泌疾患、心疾患、精神疾患、高血圧、脂質異常症、高尿酸値血症、糖尿病など）との関連性も評価しています。検査結果はオンライン上で閲覧でき、新たな研究成果が得られた場合は過去の検査結果を含めてアップデートされる仕組みになっています。

プリメディカではリスク検査を健康への投資と捉え、「病気のリスクを発見し、結果に応じてオーダーメイドの推奨アクションを提案し、行動変容を起こすことができる」次世代型健診「健診2・0」をめざしています。

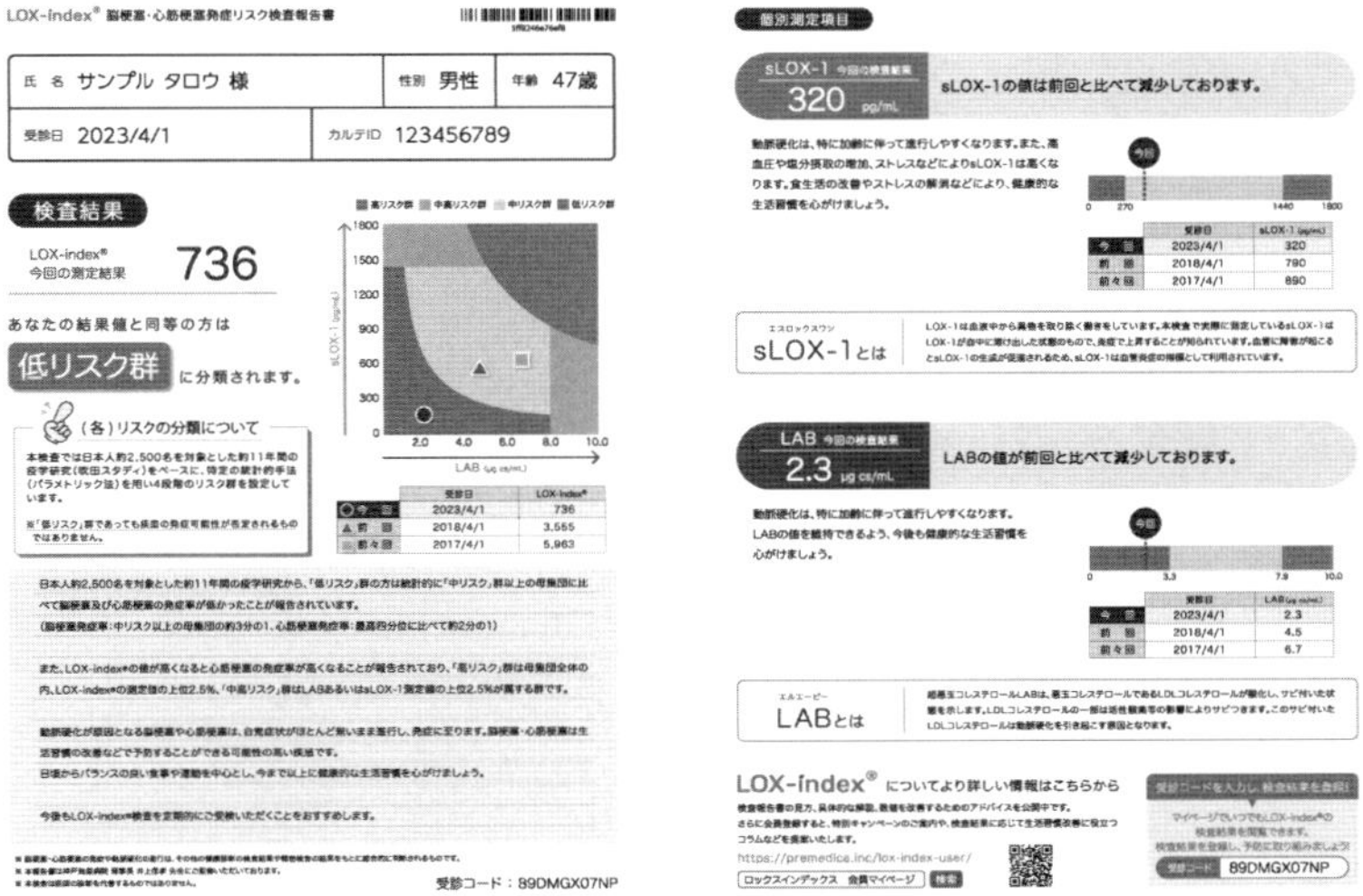

「LOX-index®」の検査結果報告書

東北化学薬品株式会社

化学関連を専門領域とする総合商社

東北化学薬品は1953年に青森県弘前市で化学工業薬品の販売を目的として設立されました。1955年には医薬品卸売一般販売業の許可取得により医薬品の販売を開始し、現在は化学関連を専門領域とする総合商社として確固たるポジションを確立しています。

東北化学薬品の取り扱う商品は幅広く、化学工業薬品に加えて各種疾病の診断に使う体外診断薬などの臨床検査試薬や試験研究用材料、さらには食品添加物や農業資材に至るまで多岐にわたっています。また、それらに関連する臨床検査機器や画像診断関連機器などの機器類も扱っており、実に2000社以上の仕入れ先を持ち、豊富な商品情報と最新の研究開発情報を駆使して取引先の探している商品を見出して提供する、いわゆる総合商社としての機能を持っています。特に、機器のメンテナンスを行うサービス部隊を持っているため、機器類の設置だけでなく、不測の事態にもすぐに対応できるアフターサービスは地元企業としてのアドバンテージとなります。

また、アカデミア関係の部署と医療関連の部署（検査機器や検査薬等）との連携も強固で、研究拠点として「受託解析・プログラム研究開発グループ」を盛岡、仙台、東京の3カ所で展開、遺伝子解析やプログラム開発、またバイオテクノロジーや新素材の研究など、先進技術を駆使した研究開発も自社で行っており、科学技術に関する情報提供にも積極的に取り組んでいます。

一方で、「食」の充実に欠かせない食品添加物や食品素材、加工食品の製造に必要な製品検査分析用試薬・消耗品、衛生材料、洗浄・殺菌剤、充填移送用・分析検査用・商品開発用機器、排水処理用薬剤なども販売。農協・農薬取扱店、共同防除組合などに対しては農薬・肥料・ビニール資材などの農業関連資材、また土壌改良資材や種苗、花卉生産用鉄骨温室などの設備施設の販売にも力を注いでいます。

地域環境に配慮し、事業活動を通じて地球環境との調和をめざしており、「環境関連法規の順守」や「環境配慮型製品・システム・サービスの推進」「汚染の防止」「省エネ・資源保護」「環境教育・啓発活動」「地球温暖化防止」など、細かい目標を掲げています。

今後は「QOL健診」にも積極的に加わっていく方向です。10年、20年先を見据えて、将来的に「QOL健診」が広がっていく中で、商社ならではのコネクションを最大限に活用して人と人をつなげたり、まだ「QOL健診」を知らない企業に紹介をしたり、新たなプログラム開発を行っていく考えのもと、ライフサイエンスやAI、バイオテクノロジー、バイオ医薬といった部門で他社との協業も視野に、新しいイノベーションを起こしていきます。

（本内容は2023年10月時点／組織・所属・役職等は当時のもの）

第6章

弘前大学 COI-NEXT

第6章は、弘前大学COIプログラム発足時からリーダーを務める弘前大学学長特別補佐／健康未来イノベーション研究機構長（拠点長）・教授の村下公一氏に、大型研究支援プログラム「共創の場形成支援プログラム（COI－NEXT）」の概要と展望についてご寄稿いただきます。これまで多くの成果を上げてきた弘前大学COIはCOI－NEXTへと発展し、寿命革命が近づきつつあります。

寄稿

弘前大学学長特別補佐／健康未来イノベーション研究機構長・教授
村下公一氏

Well-beingな社会をめざして

▼共創の場形成支援プログラム（COI-NEXT）とは

青森県は、厚生労働省が5年ごとに発表する「都道府県別生命表の概況」、すなわち平均寿命の都道府県ランキングによれば、男性は1975年から、女性は1995年から全国最下位（平均寿命が最短）が続いており、日本一の「短命県」の状態です。

この状況を打開するため、弘前大学では中路重之教授が中心となり、2005年に弘前市岩木地区の住民に対して、健康増進活動「岩木健康増進プロジェクト」を開始しました。

その一環として、同地区の住民を対象とした大規模な健康調査（大規模住民合同健診）「岩木健診」を、これまで20年にわたり毎年継続して実施してきました。この取り組みをきっかけに、2013年には文部科学省・国立研究開発法人科学技術振興機構（JST）の「革新的イノベーション創出プログラム（センター・オブ・イノベーション（COI）プログラム）」の拠点として採択され、多数の研究成果を上げました。

2022年には同じく文部科学省・JSTの大型研究支援プログラム「共創の場形成支援プログラム（COI-NEXT）」の「地域共創分野・本格型」の研究拠点として正式採択され、新生COI-NEXTの拠点として新たなスタートを切りました。

COI-NEXTとは、文部科学省・JSTが実施する大型研究支援プログラムで、ウィズ／ポストコロナ時代を見据えつつ、国連の「持続可能な開発目標（SDGs）」に基づく未来のありたい社会像を拠点ビジョン（地域共創分野では地域拠点ビジョン）として掲げ、その達成に向けたバックキャスト（振り返り）によるイノベーションに資する研究開発と、自立的・持続的な拠点形成が可能な産学官連携マネジメントシステムの構築をパッケージで推進するものです。これを通じて、大学等や地域の独自性、強みに基づく産学官共創拠点の形成を推進し、国の成長と地方創生に貢献するとともに、大学等が主導する知識集約型社会への変革を促進します。

本学COI-NEXT拠点では、青森県の現状を改善するためにも、この共創の場のプロジェクトにおける未来のありたい社会像、ビジョンを掲げました（**図表⑧**）。

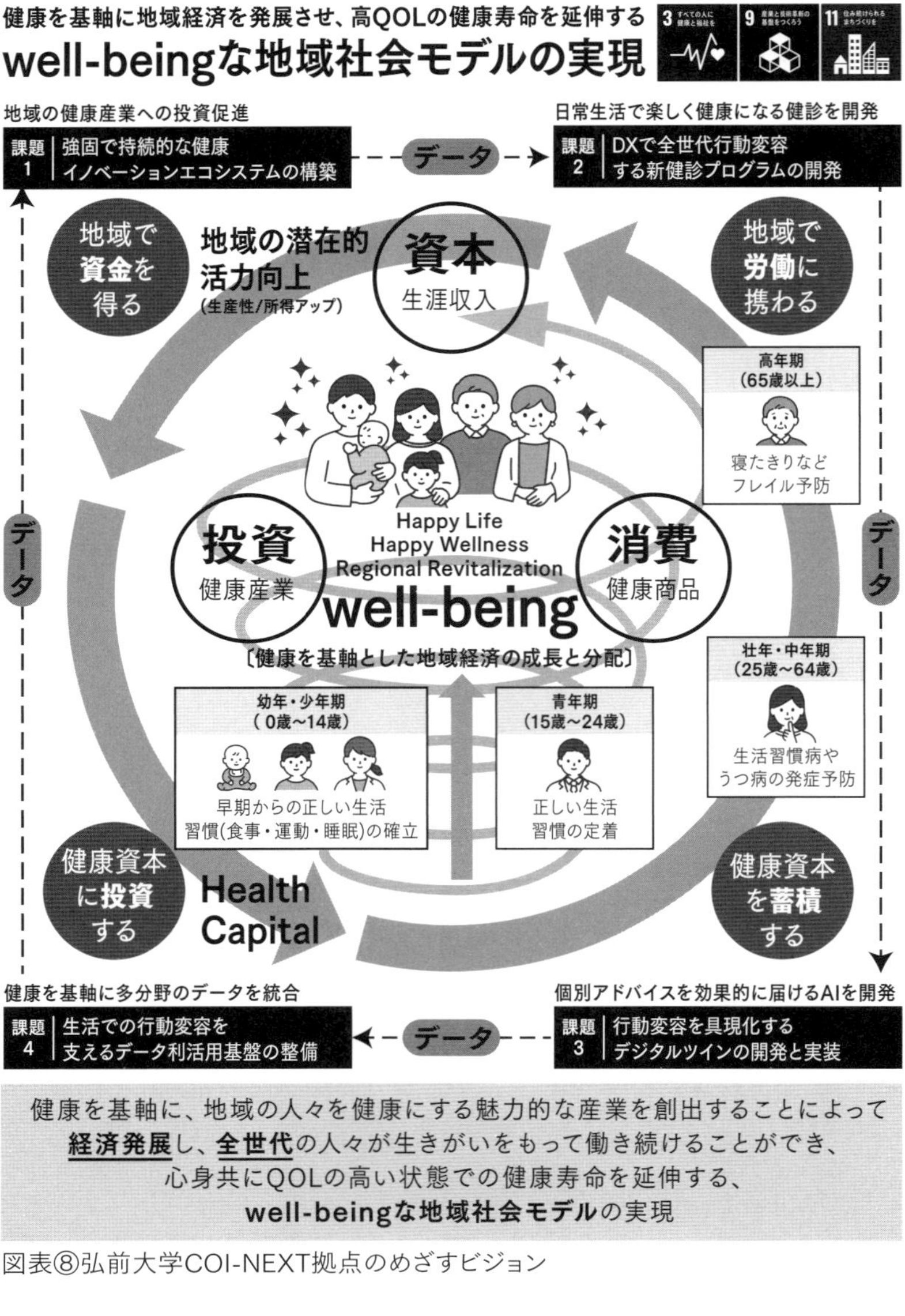

図表⑧弘前大学COI-NEXT拠点のめざすビジョン

健康を基軸に、地域の人々を健康にする魅力的な産業を創出することによって経済発展し、全世代の人々が生きがいをもって働き続けることができ、心身ともに生活の質の高い状態での健康寿命を延伸する、well-beingな地域社会モデルを実現します。

若い頃からヘルスリテラシーを身に付け、人々を健康にする産業で働くことにより、健康を〝自分ごと〟化し、地域で健康に働き続けられる社会をつくり、健康寿命延伸と社会保障費最適化を両立します。このために、より健康度を高め、楽しみながら行動変容を可能とするセルフモニタリング式「QOL健診」プログラムを開発し、地域を健康にする事業への投資を促進します。その基盤整備として、人材育成・データ利活用環境の両面からソーシャルキャピタルの充実を図ります。

このビジョンの達成のため、若者が地域に定着し、全世代の人々が健康で生きがいをもって働き続けられる、活力ある地域を創り出します。健康を基軸とした経済発展に取り組み、企業の健康経営をさらに推進することで、地域で働く人々が若いうちから自然にヘルスリテラシーを身に付け、中高年に至るまで豊かで健やかに働き続け、高齢者も活発な地域イベントへの社会参加を楽しむことができる「全世代アプローチ」により、心身ともにQOL（生活の質）の高い状態で健康寿命が延伸する地域を実現していきます。

地域経済発展の象徴となるのは、若者が働きたいと思える魅力的な新産業であり、人々が健康的な生活を楽しく・美しく・クールに送れるように導くビジネスへの投資が成功の鍵となります。

これまで「短命県返上」に取り組んできた本拠点だからこそ可能な、健康づくりの難しさを乗り越えるソリューションは、デジタル技術等の活用により、地域を越えて実装可能と考えています。

課題解決もビジネス展開も弘前発となるかたちで、人材とサービスが集積する健康イノベーションエコシステムの構築をめざします。このためには、産学官金民連携による地域の人材・資金・事業の好循環を、地域の中核大学としてリードしていく必要があります。健康への投資促進により地域経済が発展し、健康な住民が活力ある地域を支える資本になるというかたちで「健康資本」が好回転し、「フィナンシャル・ウェルビーイング」の概念も踏まえ、心身の状態だけでなく、お金の面でもwell-beingが達成されるという社会モデルを弘前から発信したいと考えています。

本拠点には多くの大学や研究機関、多種多様な企業（国内大手ヘルスケア企業を含む有力企業や地元企業、スタートアップ企業）、弘前市・青森県をはじめとする地方自治体のほか、さまざまな関係機関がプロジェクトに参画し、組織の壁を越えた多角的、多層的なマルチ連携で強靭なオープンイノベーションを構築しています（**図表⑨・⑩**）。

ビジョンに掲げた社会の実現に向けた具体的な研究開発課題として4つを設定しました。

産・学・官・金・民の強固な連携で、
強靭なオープンイノベーション共創体制を構築
※「産」のうち、既に24企業については共同研究講座を開設済(年間約7億円)であり、
将来自立化に向けて年間10億円獲得めざす
(※)弘前拠点全体の協力機関等すべて含む
Under One Roof
学
・シーズの創出
・学術的知見の提供
弘前大学
(代表機関/主管大学)
京大/東大医科研/
京都府立医大
(サテライト拠点(幹事大学)/副主管大学)
九州大学/名桜大学/和歌山県立医科大学/東京大学(医・薬)/名古屋大学/東京科学大学(医歯科)/筑波大学/LINC/国立成育医療研/横浜市立大学/大阪公立大学/札幌医科大学/名城大学/慶應義塾大学/志學館大学/公立はこだて未来大学/徳島大学/同志社女子大学
ーCOIで構築したネットワーク基盤や成果を最大限活かすー
国際連携
[海外大学等]
ハーバード大学/ジョンズホプキンス大学/アイルランド国立大学ダブリン校/中国医科大学/ベトナム国立栄養研究所/ベトナム国立ハイフォン医科薬科大/タイ国立チュラロンコン大/タイ国立チェンマイ大/米国ボストン大学(バイオインフォマティクス)/国際協力機構(JICA) 他(調整中)
官
・新事業創出支援
・健康づくりの支援
青森県/弘前市
【青森県】県内全40市町村
(健康宣言都市)
【福岡県】久山町
【京都府】京丹後市
【沖縄県】名護市/国頭村/大宜味村/東村/今帰仁村/本部町/恩納村/宜野座村/金武町/伊江村/伊平屋村/伊是名村
【和歌山県】みなべ町/高野町/かつらぎ町
連携
連携
産
金
・新事業
・雇用創出
DeNA/資生堂/花王/味の素/カゴメ/ICI/博報堂/みやびVC/小林製薬/セントラルスポーツ/クラシエ/サントリー食品/ハウス食品/協和発酵バイオ/明治安田生命/雪印メグミルク/コープ共済連/HMT/ミルテル/シスメックス/テクノスルガL/東京海上HD/バリューHR/シルタス/LITALICO/野村総研/帝人/日本意思決定支援推進機構/マルマンCS/東北化学/マツダ/江崎グリコ/プリメディカ/ランドブレイン/イマジン/DMG森精機/サントリーウエルネス/第一三共HC/NEC/MDI(SU)/ひろこは(SU)/丸善製薬/大塚製薬
【協力機関】
青森みちのく銀行/ヘプタゴン/KYOSO/ベネッセCorp./ファミリークッキングスクール/シバタ医理科/イオン東北/datarobot…etc
※新規参画交渉中企業多数
well-being
地域社会モデル
Diversity & Inclusion
Open Innovation 2.0
弘前・健康イノベーションエコシステム
研
・最先端の
健康研究(AI)
産業技術総合研究所/
国立健康・栄養研究所/
理化学研究所/
青森県産業技術センター
民
・市民と共に健康
づくりの普及・促進
青森県医師会(健やか力推進センター)/青森県総合健診センター/日本医師会医療情報管理機構/健康リーダー(健やか隊員)/ヘルスサポーター/青森県食生活改善推進員連絡協議会/青森県保健協力員/女性経営者(中小企業・VB)/青森県栄養士会/青森県看護協会/青森県歯科医師会/青森県歯科衛生士会/青森県JA共済連…etc
連携
連携
(注)弘前COI-NEXT拠点全体の参画企業・機関すべて含む

図表⑨多種多様な連携による強固な地域共創推進体制

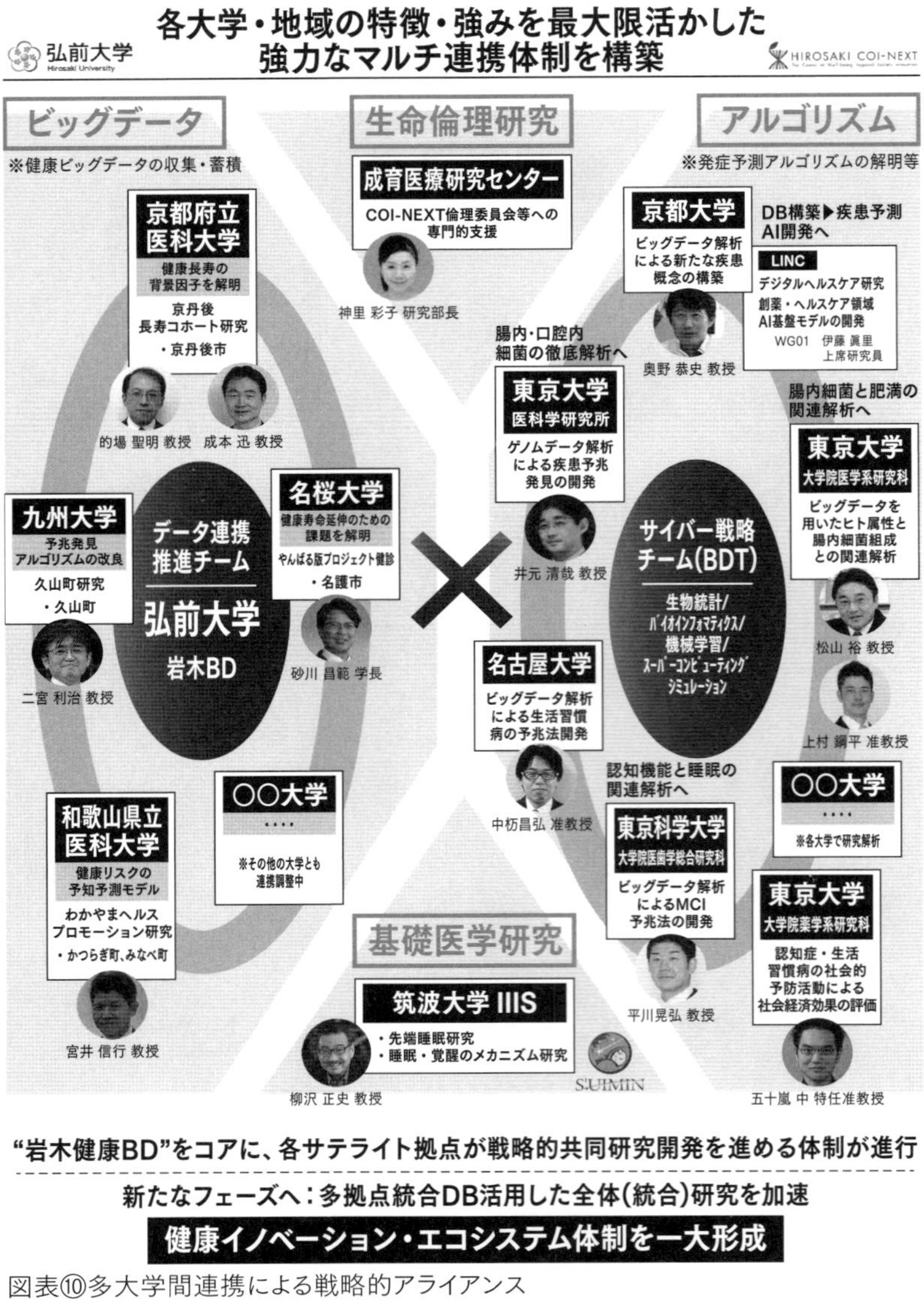

図表⑩多大学間連携による戦略的アライアンス

研究開発課題（1）：SIB（官民連携）導入や魅力的産業への投資促進による健康イノベーションエコシステムの構築

健康×新産業で、経済を循環させる新たな社会、健康を基軸に地域経済が発展し、それによって住民の行動が変わり健康になるモデルの創造をめざします。本拠点が中心となって、参画企業や地域ファイナンス、弘前市や青森県とともに地域の人々を健康にする事業の創造、弘前市を本拠とする法人の設立、スタートアップ企業への投資や育成、ソーシャルインパクトボンド（SIB）などの資金循環モデルの確立、これらを促進することで弘前発の健康イノベーションエコシステムの構築に挑戦しています。

研究開発課題（2）：DX技術導入で全世代の行動変容を具体化するセルフモニタリング式「QOL健診」プログラムの開発

「QOL健診」のデジタル化を加速して、IoT端末に加え、将来の遠隔・非侵襲の技術等を活用した新たなモデルを追求し、成人のみならず、乳児から寝たきりの高齢者までが、日常生活の中で、自宅にいながらセルフで簡単かつ気軽に健診を受診し、健康教育で行動が変容し楽しく継続的に受けられるセルフモニタリング式「QOL健診」プログラムへと発展させていきます。

研究開発課題（3）：日常生活の中でリアルタイムに個人の行動変容を正しく誘導できるヘルスケア・デジタルツインの開発と実装

岩木健診で蓄積する多様なビッグデータ、リアルワールドデータを保有する本拠点の強みを最大限活かし、ヘルスケア分野におけるデジタルツイン（ヘルスケア・デジタルツイン）の実装にも果敢に挑戦していきます。

ヘルスケア・デジタルツインとは、個々人が日常の生活を普通に送っているだけで、フィジカル空間（現実社会）のあらゆる動きが、サイバー空間（仮想社会）にリアルタイムで反映され、サイバー空間からフィジカル空間へフィードバックを受けられる仕組みのことを指します。多様なデータが統合されたサイバー空間上で開発した健康行動変容ＡＩが、日常生活及び人生の中で健康になる介入・改善経路を示し、健康な未来への道のりを歩む物語、すなわち「ヘルスジャーニー（健康物語）」を描き出します。そしてサイバー空間からシミュレーションや最適な生活習慣への介入方法などのフィードバックを受けて、人々がフィジカル空間でヘルスジャーニーを実現していくサイクルをつくり出します。〝すごろく〟のようなゲーム感覚で、楽しみながら健康的な生活を実践し、ワクワクしながら人生を楽しむことで、サイバー空間とフィジカル空間のヘルスジャーニーを一致させることをめざしています。

研究開発課題（4）：健康を基軸に医療・福祉・介護・生活まで多分野を連結・統合したデータ利活用基盤の構築

当拠点が蓄積してきた超多項目健康ビッグデータをコアとして、次世代医療基盤法を活用して収集する生涯保健医療福祉データや、生活・まちづくり・環境関連データ等を連結し、多様な学問分野や事業の観点から、利活用データプラットフォームの開発を進めます。

現在、COI-NEXTプロジェクトの実施は筆者が機構長の「健康未来イノベーション研究機構」が担っています。その下に、「岩木健康増進プロジェクト・健診」等の推進によりソーシャルキャピタル基盤を支える「健康未来イノベーションセンター」、実世界とサイバー空間の相互連関によるデータ駆動型の社会変革研究を推進する「健康・医療データサイエンス研究センター」、統合リアルワールドデータを駆使して未病研究とデータ駆動型の研究を産学連携で推進する「バイオメディカルリサーチセンター」の3つのセンターを備えています。

「健康未来イノベーション研究機構」では、毎月1度すべての参画機関が出席する「健康未来共創会議（健康未来イノベーション研究機構運営会議）」を開催し、拠点の運営方針やプロジェクト推進にかかる戦略等を決定しています。また迅速な意思決定のため、主要なメンバーで構成される「健康未来企画戦略ワーキンググループ」も設置していて、月に1度、課題対応や進捗管理などの基本合意の場を設け、その基本合意を「健康未来共創会議」で審議する流れとなっています。

このように、めざすビジョンや研究開発課題の刷新と同時に、組織体制面でもさらに強化し、未来のありたい社会像の実現に向けて邁進していきます。

▼寿命革命からwell-being革命へ

本拠点が蓄積している超多項目健康ビッグデータ（図表⑪）は、心身ともに自立し健康的に生活できる期間である「健康寿命」の延伸に向けて、大いに貢献できる可能性を秘めたピュアビッグデータです。プロジェクトには多種多様な企業・大学・研究機関等が多数参画し、その規模は現在も拡大し続けています。最近では、参画企業による超多項目健康ビッグデータの解析に基づいた各種製品・サービスも広い業種・分野において社会実装され、また、拠点のあらゆるノウハウ・知見を凝縮した新行動変容プログラムモデル「ＱＯＬ健診」はさらに進化するとともに、その対象を広げて展開を続けています。

これまで世界人類への健康づくりに貢献するというビジョンのもと、参画企業や研究機関、他大学と組織の壁を越えて、多角的、多層的マルチ連携でイノベーションネットワークを強化してきました。

超多項目健康ビッグデータの解析と健康教育を中心に据えた健康増進に向けた社会づくりにより、「県民・国民の健康寿命の向上と、人々がいきいきと健やかに暮らせるような健康

分野の垣根を越えた
多因子的解析を可能にする網羅的データ

3,000項目 × 1,000人 × 20年

Iwaki Pure Big Data

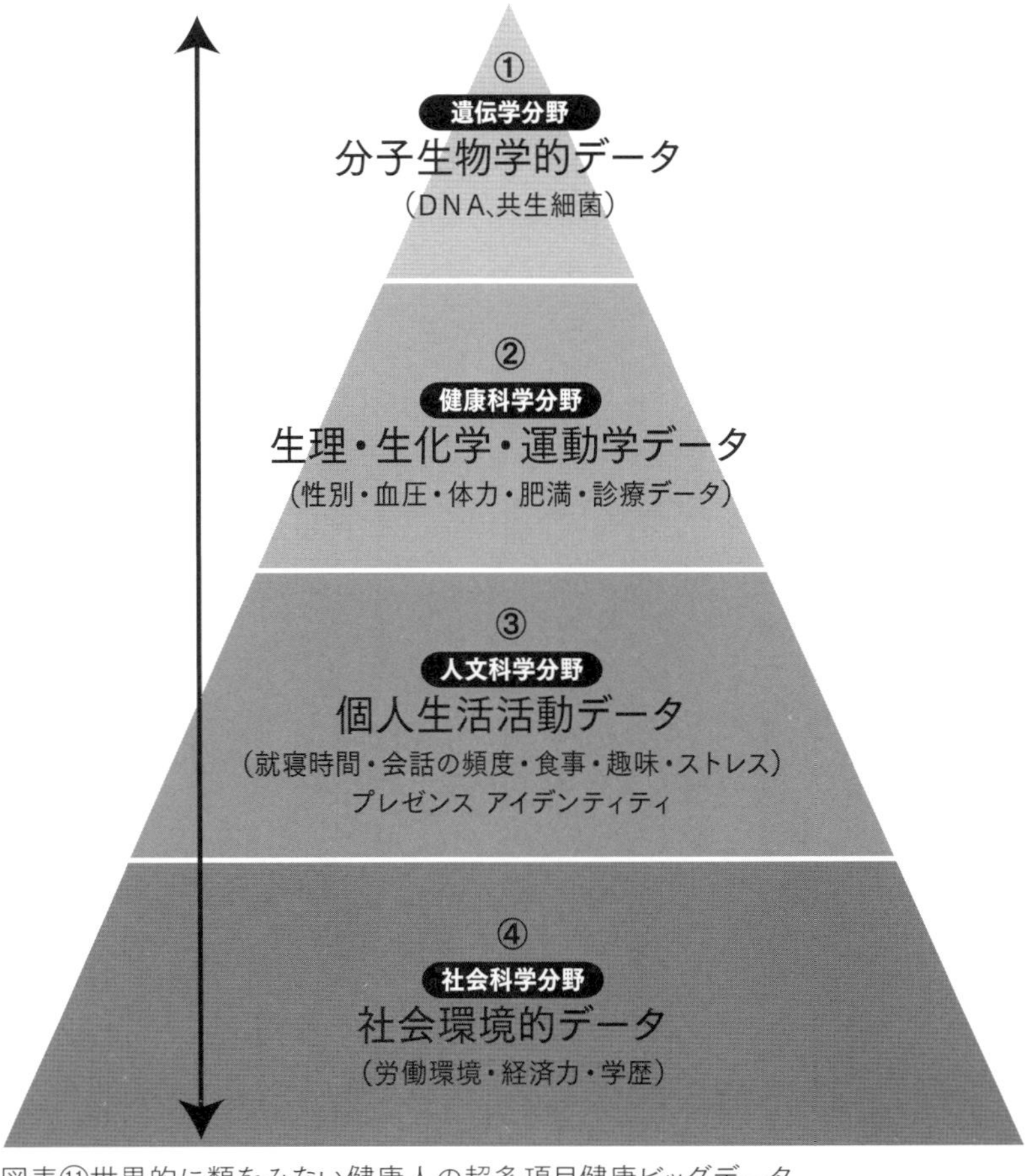

図表⑪世界的に類をみない健康人の超多項目健康ビッグデータ

長寿社会の実現」という共通理念のもとに参画機関が共感し、結集し、真のオープンイノベーションを実現しています。

さまざまな戦略的プロジェクトが立ち上がり、そこに共通の目的で集ったさまざまな機関が連携・協力し合いながら取り組みにつなげているのも大きな特徴であり、最大の強みです。その理念は生活者である住民の皆さまとも共有され、産学官民が一体となった取り組みは徐々に成果を上げつつあり、2015年に実施された調査[※1]では、青森県男性の平均寿命の延び幅は全国3位になりました。これは心疾患等による死亡数の減少を要因とし、数々の健康づくりの戦略的な取り組みが反映された結果と考えられます。また2010~2016年の健康寿命においても、男性が全国1位、女性が同7位と飛躍的な伸びを見せました[※2]。最近では県民の健康意識が徐々に高まりつつあり、着実に短命県返上にもつながるものと確信しています。

本拠点の産学官民連携の動きは、市民を巻き込んで社会課題の解決をめざす新たな潮流「オープンイノベーション2・0」そのものであり、多くの関係者を巻き込んで社会的課題を解決するとともに、今後、新産業の創出を狙うものです。

これまでの戦略的な取り組みは、2017年度の科学技術白書ではオープンイノベーションの成功事例として紹介され[※3]、2023年度には「科学技術・イノベーション白書」「高齢社会白書」の2つの白書に事例として紹介されました[※4]。2019年2月には、内閣府の主催する「第1回日本オープンイノベーション大賞」の最高賞である「内閣総理大臣賞」を受賞しました。これは、イノベーションのロールモデルとなる先導的、独創的な取り組みとして、受賞者の中でも極めて高く評価されたものです。2019年11月には「第7回プラチナ大賞 大賞・総務大臣賞」、2020年7月「第1回アジア健康長寿イノベーション賞コミュニティ部門 国内優秀事例」、2020年9月「イノベーションネットアワード2020文部科学大臣賞」受賞と、政府系主要イノベーションアワードにて三冠を達成し、さまざまな角度からご評価いただきました。国連のアジア太平洋経済社会委員会の報告書※5にも、健康とwell-beingへのテクノロジー活用の優秀事例として掲載されました。

本拠点の取り組みは、健康を基軸として地域の人々を健康にする魅力的な産業を創出することによって経済発展し、全世代の人々が生きがいをもって働き続けることができ、心身ともにQOLの高い状態での健康寿命を延伸するwell-beingな地域社会モデルの実現をめざしています。

ここで得られた成果をモデル化し、国内さらにはアジアをはじめとする海外にも広く波及させ、世界の人々の健康づくりにも大いに貢献する成果（新・健康地域社会システム）を創出していきます。SDGsの17の国際目標の中の③「すべての人に健康と福祉を」、同じく④「質の高い教育をみんなに」、⑨「産業と技術革新の基盤をつくろう」、⑩「人や国の不平等をなくそう」、⑪「住み続けられるまちづくりを」などの複数のSDGs目標へ貢献し、最終的にはwell-beingな地域社会の創造を、産学官金民の共創により力強くめざしていきたいと思います。

本学は2025年1月に、文部科学省・日本学術振興会「地域中核・特色ある研究大学強化促進事業（J-PEAKS）」の拠点として採択されました。われわれはこれからも世界的なwell-being研究・実証・開発拠点をめざして挑戦を続けていきます。

※1：青森県健康福祉部「平成27年青森県版生命表の概況」（平成29年12月）

※2：厚生労働科学研究「健康寿命及び地域格差の要因分析と健康増進対策の効果検証に関する研究」（平成28～30年度）

※3：文部科学省「平成29年版 科学技術白書」P158

※4：文部科学書「令和5年版 科学技術・イノベーション白書」P13-14、内閣府「令和5年版 高齢社会白書」P62

※5：[Leveraging technology for the Madrid International Plan of Action on Ageing] United Nations ESCAP, 2021.5.6., P32-35

あとがき

青森県では、地元のテレビから、連日、「短命県返上！」との掛け声が流れてきます。青森県の平均寿命は長年にわたり、男女とも全国最下位です。弘前大学ＣＯＩでは、世界的にも類を見ない超多項目健康ビッグデータを活用することで、短命県の返上とともに、ウェルビーイング社会の実現に向けた取り組みを始めました。

データサイエンスの時代が到来し、弘前大学ＣＯＩで集めたビッグデータは、さまざまな価値を生む宝の山として、ＡＩ研究者や大学、そして多くの企業の垂涎の的となっています。

19年間にわたる超多項目データの蓄積は、〝デジタル・ツイン〟と呼ばれるように、生身の自分をサイバー空間に反映することを可能とし、将来の健康状態を予測することや、個々に合った疾患の予防や改善策を提供することに応用されています。今日は健康でも、数年先は糖尿病になる確率が90％と予測されると、さすがに予防しようと気持ちが動きます。しかし、所詮は人間なので、「わかっちゃいるけど、続かない」が多くの人の悲しい性でしょう。医療費が高騰しているから「病気になる前に予防を！」と呼びかけても続かないのが健康づくりの難しさです。人間ドックの1カ月前だけ減量するなど、ほとんどの人はわかっているのです。

そもそも健康づくりは、「マイナス」を「ゼロ」にすることであり、ましてや予防は、「マイナス」にならないために努力することなので、面白くありません。だからお金も使わない。一方で、昨今では、子どもから高齢者まで、美しさを求めて化粧をしていますが、これは「プラス」にすることであり、心やカラダの幸せを求めること。健康づくりもこのようになれば、予防も実現すると感じています。

弘前大学ＣＯＩは、産学官に民を加えた「ＱＯＬ健診」の仕組みをつくりました。読んで字のごとしであり、ＱＯＬ（生活の質）を高めることを目的としており、参加者が楽しんで健康づくりを実践する場になっています。今では全国に、そしてアジアにも「ＱＯＬ健診」の展開が始まっています。友人や家族を誘って「ＱＯＬ健診」に行く、そこで自分に合った健康づくりの方法を見つけて、楽しみながら病気にならないカラダをつくる。産業界は、「ＱＯＬ健診」の場で、自社の技術やサービスを展開して業績に加える。大学は、「ＱＯＬ健診」で集めたデータを解析することで新たな価値を見出し、次につなげる。住民が健康を享受することで、労働生産性が向上する。健康づくり産業のエコシステムの実現が目前に来ています。

２０２２年からＣＯＩ‐ＮＥＸＴが始まり、弘前大学ＣＯＩは経済循環とウェルビーイング社会の実現を掲げています。これらが両立すると、青森県は最長寿県へと変貌し、２０ＸＸ年にはＧ11の保健大臣たちが、青森国際空港から、弘前に直結した高速道路を使い、弘前大学に集結し、「保健大臣会合」が開催されるのも夢ではないかもしれません。

２０２５年１月　弘前大学大学院医学研究科 招へい教授　桂木 能久

［著者］

継田治生（Tsuguta Haruo）

フリージャーナリスト・株式会社リーランド代表取締役。1982年、大学卒業と同時に理美容機器メーカーに就職。1986年、スポーツマネージメントの仕事をめざしてScience and Engineering Investment Inc（シンガポール）に転職。マレーシア（ジョホールバル）、米国（マリン・カウンティー）、日本（山梨）の各リゾートの開発・立ち上げに参画した後、米国でのスポーツニュートリションとの出会いをきっかけにヘルスケアの世界に転身。食、サプリメント、スポーツ、ヘルスケアの分野で取材・執筆、企画、出版等を行う。

寿命革命

Well-being Innovation

超多項目健康ビッグデータが健康の未来を切り拓く：最短命県からの挑戦

2025年3月25日　第1刷発行

著　者――継田治生

監　修――村下公一　弘前大学 学長特別補佐／健康未来イノベーション研究機構長・教授

中路重之　弘前大学 特別顧問

発　売――ダイヤモンド社

〒150-8409　東京都渋谷区神宮前6-12-17

https://www.diamond.co.jp/

電話／03･5259･5941（販売）

発行所――ダイヤモンド・リテイルメディア

〒101-0051　東京都千代田区神田神保町1-6-1

https://diamond-rm.net/

電話／03･5259･5941（編集）

ブックデザイン―糟谷一穂（ダイヤモンド・グラフィック社）

印刷／製本―ダイヤモンド・グラフィック社

編集担当――小木田泰弘

ISBN 978-4-478-09095-4